악마는 꼴찌부터 잡아먹는다

이 책은 제 자신이 지닌 지적 빈곤함에 대한 고백입니다. 그러나 이 책은 비틀거리며 살아야 했던 지난 몇 년 동안 힘껏 저를 잡아 준 벗이기도 합니다. 인생이 죽음을 향해 가는 느린 걸음이라고 느껴질 때마다 저는 다시금 이 책에 실린 모든 이들의 얼굴을 떠올릴 것입니다.

염치없는 제 삶에 자부심을 심어 주신 부모님께 감사드립니다. 그리고 허락도 없이 주변 사람들의 이야기를 책에 담은 저의 만용에 대해 이해와 용서를 구합니다.

혜다 출판사에도 고마움을 전합니다. 출판사의 위험천만한 결단이 없었다면 이 책은 세상에 나오지 못했을 것입니다.

2022년 11월

박진서

CONTENTS

❸ 우리가 잃어버린 이름 '정치경제학'

❹ 경제학의 중심에는 사람이 있어야 한다

1

경제학자들을 믿지 마라

로빈슨 크루소를 닮은 주류 경제학

—

겁도 없이 경제와 관련된 내용으로 뭔가를 해야겠다고 생각할 즈음, 가까운 친구에게 이런 질문을 던졌습니다. "넌 도대체 경제가 뭐라고 생각하니?" 그 녀석의 대답이 걸작이었습니다. "경제란 '알고 싶지 않은 것!'이지."

영국 케임브리지 대학 장하준 교수의 책 『경제학 강의』의 프롤로그 제목은 '왜 사람들은 경제학에 관심이 없는 걸까?'입니다. 그는 "경제학은 일반인들이 이 분야를 들여다보는 것을 꺼리게 만들어 영역 보존을 하는 데 전대미문의 성공을 거둔 학의 평범한 언어로 생각하고 표현할 수 있습니다. 근데 경제학자들은 이런 고민을 굳이 '생산성 증대를 통한 소득의 증가'라고, '동일 노동, 동일 임금의 문제'라고 어렵게 표현하는 것입니다.

 이렇듯 인간의 물질적 삶을 조직하고 규정하는 수단인 경제는 우리의 일상과 결코 분리될 수 없습니다. 140여 년 전 독학으로 경제학을 공부한 헨리 조지처럼 우리도 조금만 더 관심을 가진다면 경제와 경제학에 대해 알 수 있습니다. 지금 우리는 '자본주의'의 한복판에 서 있다는 것을 기억해야 합니다. 우린 결코 먹고사는 문제로부터 자유로울 수 없습니다. 우리의 삶 또한 경제학이라는 틀로 쉽게 개념화될 수 없습니다. 그러나 우린 모두 각자의 방식으로 '경제'에 대해 경험하고 배워 나갈 수 있습니다. 현실의 삶을 통해 알 수밖에 없는 사실을 알고 싶지 않게 만드는 '거대한 힘'으로부터 탈출하는 것이 우리의 경제적 조건을 바꾸기 위한 첫걸음입니다. 경제와 그것을 설명해 내야 할 의무가 있는 경제학이 더 이상 합리적 개인을 상징하는, 그러나 현실에는 존재하지 않는 '외로운 로빈슨 크루소'의 학문으로 불려서는 안 됩니다.

악마는 꼴찌부터 잡아먹는다

경제는 결코 홀로 존재하지 않는다

—

일반적으로 경제학에서 가정하는 '합리적인 개인'을 경제학자들은 '호모 에코노미쿠스Homo economicus'라 부릅니다. 역사 속에서 호모 에코노미쿠스를 상징하는 인물로 경제학자들이 가장 많이 불러내는 이가 바로 로빈슨 크루소입니다. 『로빈슨 크루소』는 18세기 영국의 소설가 대니얼 디포가 알렉산더 셀커크라는 선원의 실제 표류기를 바탕으로 쓴 소설입니다. 이 소설의 주인공이 현대 경제학에서도 다시 주인공 자리를 맡아 호모 에코노미쿠스의 상징이 된 것이죠.

혹시라도 18세기에 쓰인 고전이 고리타분하게 느껴져 로빈슨 크루소라는 인물이 상징하는 바를 알기 어렵다면 맷 데이먼이 주인공으로 나온 영화 「마션」(2015)을 추천합니다. 이 영화를 보면서 전 곧바로 21세기 우주 시대의 로빈슨 크루소를 떠올렸습니다. 화성에 홀로 남겨진 채 약 400여 일을 살아야 했던 식물학자 마크 와트니(맷 데이먼 역)와 배가 파선되는 바람에 무인도에서 27년간 생활한 로빈슨 크루소는 시대는 다르지만 동일한 역할을 담당하는 호모 에코노미쿠스입니다. 생존을 위해 경제적 이익을 극대화하고 냉철함을 바탕으로 가장 합리적인 결정을 내리는 경제적 인간의 전형이 18세기에는 로빈슨 크루소였다면 21세기에는 마크 와트니인 것입니다.

근데, 경제학에서 가정하는 그런 완벽한 호모 에코노미쿠스가 현실에 과연 존재할까요? 무인도와 화성에 혼자 남겨졌을 때 강한 의지와 합리성을 바탕으로 최선의 경제적 결정을 내릴 수 있는 사람이 과연 얼마나 될까요? 철학자 아리스토텔레스와 스피노자가 몇백 년의 세월을 사이에 두고 동일하게 주장했듯이, 인간은 사회적 동물입니다. 경제학을 과학으로 만들기 위해 경제학자들이 상정한 마크 와트니와 로빈슨 크루소는 단지 영화나 소설 속에 등장하는 가상의 인물일 뿐입니다.

경제학 교과서에서 말하는 호모 에코노미쿠스는 오직 수요와 공급 그리고 효용의 그래프를 바탕으로 경제적 합리성만을 고려하며 개인적으로 행동하는 인간상을 말합니다. 극단적인 예를 든다면, 호모 에코노미쿠스는 다음과 같이 기본적으로 세 단계를 거쳐 합리성을 추구합니다.

첫 번째 단계 어머니와 본인의 생일이 있는 달의 수입을 그래프와 수치를 통해 분석합니다.

악마는 꼴찌부터 잡아먹는다

두 번째 단계 그래프의 분석에 기초해 수입을 용도별로 분배한 후 그에 맞는 범위 안에서 어머니와 본인의 생일을 위해 쓸 수 있는 금액을 정합니다.

세 번째 단계 그 금액이 지니는 효용이 가장 극대화될 수 있는 방법을 선택해 어머니에게 선물을 드리고 본인의 생일도 축하하며 행복을 만끽합니다.

또 다른 예를 들어 볼까요. 퇴근 후 연인과 데이트를 하기 위해 카페에 갔다고 칩시다. 가장 저렴한 커피를 딱 한 잔만 주문한 뒤 구석 자리에 숨어 나눠 먹을 수 있어야 호모 에코노미쿠스라 할 수 있습니다. 왜냐하면 그들은 그날 회사에서 공짜 커피를 많이 마신 탓에 추가적인 커피의 효용(!)은 더 이상 필요하지 않았기 때문입니다. 같이 앉아 있을 공간을 확보하기 위해 최소한의 비용을 지불하는 것이 가장 합리적인 선택인 것이죠. 즉, 수치화할 수 있는 선택만이 경제적 합리성을 담보한다고 경제학 교과서는 말하고 있는 것입니다. 하지만 언제나 이렇게 합리적인 선택만을 하는 사람을 현실에서는 거의 찾아보기 힘듭니다.

그렇다면 현실의 우리는 경제라는 세계 안에서 어디쯤 있는 것일까요? 그에 대한 답은 '사회적 관계망' 속에서 찾을 수 있습니다. 사실 이 사회에 존재하는 것만으로 우리 모두는 호모 에코노미쿠스입니다. 사회 속에서 살아간다는 행위의 본질은 소비, 노동 그리고 생산 활동을 통해 이루어질 수밖에 없기 때문입니다.

사회적 관계망을 양방향 도로라 가정하면, 나와 기업 사이에는 둘 사이를 연결하는 길이 하나 놓이게 됩니다. 나는 그 길을 통해 노동력을 제공하고 회사는 그 대가로 임금을 지급합니다. 내가 다시 그 돈을 기업에 지불하면 기업은 나에게 무형의 서비스와 유형의 상품을 제공합니다. 개인과 기업 사이에 존재하는 이 가상의 길을 보호하고 관리하기 위해선 국가가 필요합니다. 국가 역시 이런 서비스를 개인과 기업에 무상으로 제공할 수만은 없기에 또 다른 길을 통해 개인과 기업으로부터 세금을 걷습니다. 그렇게 걷힌 세금은 정부 지출을 통해 다시 개인과 기업에게 되돌아갑니다. 이렇게 개인과 기업 그리고 국가 사이에는 소득과 지출이 끊임없이 오가며 순환하고 있는 것입니다.

이러한 흐름을 매개하는 것이 바로 화폐입니다. 이 양방향 도로에서 각 경제 주체들이 주고받는 소득과 지출의 흐름이 활발하고 풍요로울수록 그 사회 구성원들의 삶은 풍성해질 것입니다. 자본주의가 고도로 발달한 지금의 사회에서 이 양방향 도로는 항상 제대로 작동해야만 합니다.

    과거에는 화폐가 잠시 쉬어 가는 곳 정도의 역할만 하던 은행이 현대 사회에서는 활동 범위를 더 넓혀 개인, 기업 그리고 정부 사이를 오가는 소득과 지출의 흐름이 원활히 이루어질 수 있도록 화폐 공급을 조절하기도 하고, 다양한 금융 상품을 통해 돈을 모은 후 개인이나 기업에게 빌려주기도 합니다. 여기서 중요한 것은 이러한 통로가 상호 간에 적절히 연결되어 소통이 잘 되고 있는가의 여부입니다. 개인과 기업 사이에 연결된 길이 끊기면 현실에서는 개인이 기업으로부터 해고되거나 기업이 적자를 이기지 못해 파산하는 일이 생깁니다. 이 두 주체 사이에 연결된 길에서만 화폐가 잘 유통된다고 아무런 문제가 생기지 않는 것도 아닙니다. 만일 국가가 어떤 문제에 봉착해 혹은 정치가 엉망이 되어 국가와 다른 주체들을 이어 주던 통로가 끊긴다면 개인과 기업에게는 치명적입니다.

    은행도 마찬가지입니다. 현대 자본주의 사회에서는 개인, 기업, 국가와 같은 주체들에게 아무 문제가 없다 하더라도 은행이 흔들리면 각 주체를 연결해 주던 모든 길이 막히고 그 흐름이 연쇄적으로 멈출 수도 있습니다. 우리는 실생활에서 이런 상황을 수도 없이 경험해 왔습니다. 1997년 IMF(국제통화기금) 외환위기는 기업의 부실로부터 시작되었고, 2008년 세계 금융

위기는 1850년에 설립된 세계적 투자은행 리먼브라더스의 파산으로부터 시작되었습니다. 어쩌면 현재의 대한민국도 사상 최대의 빚을 머리에 인 채 흔들리고 있는 개인 즉 가계의 위기를 애써 외면함으로써 또 다른 위험을 키우고 있는 건지도 모릅니다.◆

우리는 몸속에서 끊임없이 흐르는 에너지와 혈류를 직접 볼 수 없습니다. 하지만 그 모든 것을 하나로 인식해 생명체라고 부릅니다. 경제도 우리 몸과 같이 하나의 생명체처럼 작동합니다. 경제를 구성하는 각각의 주체가 흔들려 그들 사이를 연결해 주고 있던 길이 원활히 소통되지 않을 때 경제는 제 구실을 못하게 됩니다. 경제는 이렇듯 사회적 관계 속에서만 존재합니다. 결코 홀로일 수 없습니다.

◆ 한국은행이 2022년 9월 22일 발간한 「2022년 9월 금융 안정 상황 보고서」에 따르면 2022년 6월 말 기준 가계 부채는 1,869조 4,000억 원으로 사상 최대를 기록했다.

당신이 우리 밥줄 책임질 거요?

—

21세기 이후 정보·통신 기술의 발달은 경제 분야의 생산성을 크게 향상시켰습니다. 그 덕분에 인간의 삶은 이전 세기와 비교할 수 없을 정도로 풍요로워졌죠. 하지만 그 풍요에 의해 생긴 그늘은 역설적으로 우리의 삶을 위협하고 있습니다. 기술이 발달할수록 사람들의 삶도 동시에 풍요로워지면 좋을 텐데 최신 기술의 방향은 오히려 노동시장에서 인간을 내모는 쪽으로 가고 있습니다. "이 기술을 활용하면 인건비를 최소 30% 줄일 수 있고, 3년 내에 투자금 전체를 회수할 수 있습니다."라는 제안을 기업들은 당연히 반깁니다. 하지만 그곳에서 월급을 받으며 일하는 사람들은 본능적으로 이 제안을 거부합니다.

제가 정보·통신 분야에 있을 때 실제로 겪었던 일입니다. 이름만 대면 알 수 있는 국내 최대 규모의 정보·통신 회사에서 새로운 사업부를 만들었습니다. 그 사업부의 임무는 현재 하드웨어 위주로 되어 있는 정보·통신 환경을 디지털 이노베이션을 추구하는 가상화virtual◆ 기술로 바꾸는 것이었습니다. 간단히 말하면 여기저기 흩어져 있어 사람이 많이 필요한 분야를 하나로 통합해 업무의 효율성을 높이고 관리비와 인건비를 줄일 수 있는 최신 기술을 도입하는 것이었습니다. 하지만 이 기술의 도입은 결국 실패했습니다. 회사 입장에서는 엄청난 생산성 향상과 원가 절감을 기대할 수 있었던 기술의 도입이 좌절되고 만 것입니다. 과연 그 이유가 뭘까요?

당시 새로 생긴 그 사업부에서 영업을 담당했던 직원은 같은 그룹에 속한 회사임에도 불구하고 다른 계열사의 IT 담당 직원들을 만날 수 없었습니다. 어렵게 만난 경우에도 공식적인 회의 후 담배를 함께 피며 나누었던 이야기들은 그가 다시 그곳을 찾아가기 어렵게 만들었습니다. "당신이 우리 밥줄 책임질 거요? 당신이 제안하는 기술을 받아들이면 1년 후에 우리 팀 10명 중 3~4명이 잘릴 겁니다. 도입을 하더라도 우리는 제일 나중에 하렵니다. 본사가 억지로 도입하게 하면 우리는 제품에 문제가 있다고 보고할 거고, 어쨌든 결국 이 기술은 사용되지 않을 겁니다. 같이 먹고 삽시다. 팀장님도 우리 상황 잘 아시잖습니

◆ 가상화 기술이란 하나의 컴퓨터 하드웨어를 여러 대의 컴퓨터처럼 동작시키거나, 반대로 여러 대의 컴퓨터를 하나의 장치인 것처럼 만들어 사용자가 관련 자원을 폭넓게 사용할 수 있게 하는 기술을 말한다. 이를 통해 기업은 컴퓨터 하드웨어를 보다 효율적으로 활용할 수 있게 되고 IT 관리에 필요한 인력을 줄여 투자 및 관리 비용을 최소화할 수 있다.

악마는 꼴찌부터 잡아먹는다

까?" 현장에서 일하는 실무자들은 그 최신 기술이 자신들의 '밥과 자유'를 위협한다는 걸 누구보다 잘 알고 있었던 것입니다.

경제 발전을 모색하고 연구하는 경제학은 최신 기술을 이용해 기업의 생산성을 올리고 이윤을 더 많이 확보하는 길만을 찾는 학문이 아닙니다. 기업의 생산성을 올린 대가로 얻은 성과와 이윤을 어떻게 다룰 것인가, 이를 연구하는 것 또한 경제학 본연의 임무인 것입니다. 앞에서 예로 든 사례에서 보다시피 문제는 새로운 기술의 도입이 아닙니다. '그 기술을 도입해 얻는 혜택은 과연 누구를 위한 것인가?' 이것이 바로 우리가 함께 풀어 가야 할 문제입니다. 경제 발전을 통해 얻어진 성과물들은 서류로만 존재하는 법인이 아닌 생명을 가진 사람을 위한 것이어야 합니다. 경제를 둘러싸고 점점 더 복잡해져만 가는 상황들을 정확히 읽어 내기 위해 우리에겐 현상에 대한 세밀한 관찰 그리고 이를 바탕으로 문제의 본질을 추출해 낼 수 있는 사고의 증류가 필요한 것입니다.

굶어 죽을 자유는 자유라 할 수 없다

—

그렇다면 경제학을 이루는 본질, 뼈대는 무엇일까요?

실제로 한 사회가 존속할 수 있는 물질적 조건은 투입(input)보다 산출(output)이 커야 한다는 단순한 산술에 근거하는데, 이 산출과 투입의 차액을 잉여(surplus)라고 부릅니다. 만약 누가 100원을 비용으로 들여(투입) 120원을 수입으로 얻었다면(산출), 그는 이 사업에서 20원의 잉여를 낸 셈이 됩니다. 그런데 노예제 사회에서는 노예가 생산한 이 잉여를 귀족이 피라미드를 만드는 데에 탕진하고, 봉건제 사회에서는 농노로부터 수취한 지대를 영주가 고딕 사원을 세우는 데에다 낭비해 버렸습니다. 모두 다 비생산적(unproductive)으로 소비한 셈이지요. 그러나 자본주의 사회에서 이윤은 투자라는 생산적(productive) 소비에 지출됨으로써 더 많은 잉여, 즉 이윤의 발생을 노리게 됩니다. 물론, 나는 이 이윤이라는 단어가 몹시 건조한 느낌을 주고, 또한 그것이 때때로 아주 고약한 짓을 하고 있다는 사실을 잘 알고 있습니다. 적어도 그 말은 J양 나이의 세대가 평가하는 가치 서열에서는, 예컨대 우애니 동정심이니 혹은 휴머니즘이니 하는 개념들보다 훨씬 아래의 자리를 차지하겠지요.

악마는 꼴찌부터 잡아먹는다

그러나 우리 한번 냉정하게 생각해 봅시다. 이를테면 J양이 사회의 정신 건강을 위해 아주 높은 순위를 부여하고 있는 미술관의 건립도 실상은 두부 공장과 마찬가지로 이 사회가 축적한 이윤의 토대 위에서만 가능합니다. 결국 이윤으로 표현되는 이 잉여가 경제 발전을 규정하는 가장 주요한 요인이고, 또한 그것이 궁극적으로는 그 사회의 문화 형태까지도 결정한다는 설득에 동의하지 않을 수 없습니다. 그럼에도 불구하고 이제까지의 역사에서 그 잉여의 생산과 분배가 전혀 정의롭지 못한 관계와 방법으로 이루어지고 있는 것만은 틀림없습니다. 아무튼 이와 같이 밥을 만들고 나누는 가장 구체적인 현상에서 시작하여 그 밥을 만들고 나누는 사람들과의 관계로 관심을 돌릴 때, 경제학은 '사람과 사람의 관계'를 밝히는 학문으로 그 본연의 사명을 회복하게 됩니다.♦

위의 글은 경제학에 애증(!)을 갖고 있는 어느 여고생의 편지에 대해 언론인이자 경제학자였던 정운영 선생이 쓰신 답장 '경제학을 전공하려는 J양에게' 중 일부입니다. 이 글은 그 자체로 아주 뛰어난 수필입니다. 경제라는 딱딱한 주제를 다루고 있

♦ 정운영, 『광대의 경제학』, 까치, 1990.

지만, 이 답장 전문이 대학의 국어 교과서(경제학 교과서가 아닙니다!)에 실릴 정도로 명문입니다. 동시에 경제와 경제학은 무엇인가라는 질문에 대해 답하는 '경제 입문 칼럼'이기도 합니다.

　여고생에게 보낸 이 친절한 답신은 경제(학)와 관련해 결코 놓쳐서는 안 될 세 가지를 담고 있습니다.

　첫째는 잉여에 관한 것으로, 100을 들여 120을 만들어야 그 시대가 존속할 수 있다는 주장입니다. 100과 120의 차액에 해당하는 20 즉, 잉여가 있어야 이를 바탕으로 사회를 유지하고 발전시킬 수 있다는 것입니다.

　둘째는 현대 자본주의 사회의 특징으로, 정운영 선생은 잉여라는 단어 대신에 이윤이라는 개념을 사용하여 설명하고 있습니다. 과거에 한 사회가 획득한 잉여는 지배자의 취향에 따라, 노예제 사회에서는 피라미드를 세우는 데 탕진되고 봉건제 사회에서는 고딕 사원을 짓는 데 낭비되었습니다. 이와 달리 현대 자본주의 사회에서 획득된 잉여는 더 많은 잉여를 위해, 이윤의 끊임없는 확대만을 위해 사용됩니다. 끝이 보이지 않는 인간의 욕망이 바로 자본주의의 엔진이며 개인들의 이기심을 자극하는 지렛대인 것입니다.

　셋째는 '남긴 돈' 즉 이윤이 있어야만 인간의 고귀함(!)을

악마는 꼴찌부터 잡아먹는다

유지할 수 있다는 것입니다. 개같이 벌어 이윤을 남겨야 정승 같은 삶을 유지할 수 있다는 사실은 우리에게 비천함마저 느끼게 합니다. 그러나 J양이 사회의 정신 건강을 위해 높은 가치를 부여하고 있는 유명 미술관의 실질적인 주인은 거의 다 재벌인 게 현실입니다. 끊임없이 잉여를 만들어 내고 이윤을 남길 수 있는 집단만이 그 사회의 정신과 문화를 이끌어 갈 수 있는 것입니다.

이러한 설명 끝에 정운영 선생은 "그럼에도 불구하고 이제까지의 역사에서 그 잉여의 생산과 분배가 전혀 정의롭지 못한 관계와 방법으로 이루어지고 있는 것만은 틀림없습니다."라며 우리에게 좀 더 근원적인 고민을 던집니다. '하루 벌어 하루 먹고산다.'는 말이 있습니다. 사는 게 힘들 때 우리는 이 말을 떠올립니다. 이보다 한층 더 힘든 것은 살아갈수록 쌓이는 적자의 기록입니다. 이 남루함은 현실에서 빚 즉 부채로 나타납니다. 잉여와 이윤 덩어리의 상징인 밥과 그것을 생산하면서 동시에 소비하는 사람과의 관계는 무엇이 기준이 되어야 하며 어떤 모습으로 나타나야 할까요? 이 질문의 구체적인 모습이 경제이며 이를 깊이 관찰하는 것이 경제학인 것입니다. 이런 인식을 바탕으로 정운영 선생은 "이와 같이 밥을 만들고 나누는 가장 구체적인 현상에서 시작하여 그 밥을 만들고 나누는 사람들과의 관계로 관심을 돌릴 때, 경제학은 '사람과 사람의 관계'를 밝히는 학문으로 그 본연의 사명을 회복하게 됩니다."라는 말로 이야기를 마무리 지은 것입니다.

경제는 사람과 사람과의 관계를 이어 줘야지, 그 반대로 작동해서는 안 됩니다. 경제적 문제로 사람 사이의 관계가 깨어질 때 비극은 시작됩니다. 사람들이 돈 문제로 다투기를 꺼려하는 이유도, 돈 문제로 발생한 다툼이 서로를 비참하게 만들고 결국엔 관계를 파탄 낸다는 걸 너무나도 잘 알고 있기 때문입니다. 현대 사회는 개인의 자유를 보장하는 법적 체계를 가지고 있습니다. 그럼에도 불구하고 개인이 누릴 수 있는 자유의 영역은 밥의 크기와 전적으로 비례합니다. 극단적으로 표현하면 한 개인에게 할당된 밥의 크기가 0일 경우, 그 사람은 굶어 죽을 자유만 가지고 있는 것입니다. 현대 사회에서 이런 자유의 비자발성은 가둘 수 없는 진실입니다.

정운영 선생은 1988년 5월 15일 『한겨레』 신문 창간호에 「경제 민주화 방향과 과제」라는 글을 썼습니다. 이 칼럼은 영국의 경제학자 모리스 돕의 글을 인용하면서 시작됩니다. "이상적인 사회에서는 국민이 그들이 원하는 정부를 선택할 수 있고 그들이 원하는 상품을 소비할 수 있어야 한다." 저는 이 짧은 문장이 정치 그리고 경제 민주주의의 뼈대를 보여 주고 있다고 생각합니다. 이러한 생각을 뼈대로 살을 붙인 이 글에서 정운영 선생은 지금의 현실에 대해 "다수가 인간답게 살지 못하게 됨으로써 소수가 '인간 이상답게' 살고 있다."라는 진단을 내리고 있습니다. 더 나아가 역사의 가르침과 경험은 경제 규모가 아무리 커져도 "(그들이) 자발적으로 밀알을 나누어 주지 않을 것이며, (참된) 경제 민주화는 밀알을 키우는 노력을 중지하지 않으면서, 그 수확이 모두의 능력과 필요에 따라 분배되도록 규제하는 힘을 확보하는 방향으로 이루어져야 한다."고 주장합니다.

'풍족한 밥에 대한 요구, 자유의 영역을 넓히기 위한 인간의 집념'이 경제사 250년의 본질이라면 지금 우리가 만들어 가야 하는 세상은 물질과 돈이 앞서지 않는, 그 무엇보다 인간이 먼저인 사회일 것입니다. 그래서 정운영 선생은 진정으로 밥과 자유의 교차점을 찾고 사람과 사람과의 관계가 복원되기를 원한다면 "물질에 대한 학문으로서의 미국식 경제학보다는 물질을 매개로 한 인간과 인간의 관계를 연구하는 유럽식 경제학에 더 많은 경제학도가 매료되길" 바랐던 것입니다.

먹고사는 문제 즉 경제적 문제는 우리 스스로 만들어 가고 알아 가야 하는 것임을 기억해야 합니다. 그렇게 될 때 인간은 돈과 물질에 사로잡히지 않고 공존할 수 있습니다. 우리가 정말 두려워해야 할 것은 경제는 나와 무관하며 알 수 없는 것이라는 체념과 무관심입니다. 그 체념과 무관심이 집념과 호기심으로 바뀔 때, 밥과 자유는 그 크기와 영역을 '사람과 사람의 관계' 속에서 서서히 넓혀 갈 수 있을 것입니다.

악마는 꼴찌부터 잡아먹는다

헨리 조지
Henry George, 1839~1897

애초에 땅은 그 누구의 것도 아니었다

땀을 흘리지 않아도, 토지와 여러 채의 아파트 그리고 건물을 가지고 있다는 이유만으로 월세를 받으며 풍족하게 사는 삶. 이러한 '건물주'의 인생이 부럽고 이 꿈이 실현되기를 바란다면 당신은 대단한 욕망과 은밀한 부지런함을 지녀야 한다. 당신의 욕망은 본인이 소비할 수 있는 것 이상을 축적하고자 하는 욕심과 타인이 노동한 대가의 일부를 월세라는 명목으로 취득해도 부끄러움이 없는 배짱으로부터 나오며, 당신의 부지런함은 은밀한 정보들을 발 빠르게 획득하고 권력이 있는 사람들과 돈독한 인맥을 쌓기 위해 과감하게 투자

(접대 혹은 부정한 로비까지도)함으로써 감각적인 투기의 본능을 키우는 것으로부터 출발하기 때문이다. 이는 결코 쉬운 일이 아니다. 부동산 부자들이 "나는 현재의 부를 누릴 자격이 있어."라며 스스로에게 믿음을 부여하는 것도 이 때문일지 모른다.

그렇다면 부동산 부자들이 가장 싫어하는 경제학자는 누구일까? 아마도 『진보와 빈곤』의 저자인 헨리 조지일 것이다. 경제가 쉼 없이 발전하는데도 빈곤이 사라지지 않는 이유는 토지 즉 부동산 문제 때문이라는 걸 최초로 논증한 경제학자가 바로 헨리 조지이기 때문이다. 헨리 조지는 마르크스Karl Heinrich Marx처럼 자본주의를 부정하지는 않는다. 그는 자본주의 체제를 유지하면서도 부동산과 관련된 세금만으로 빈곤으로부터 탈출하는 것이 가능하다고 주장한다. 그가 제안한 정책이 바로 '토지 보유세'다.

이 세금 정책은 고전파 경제학자◆인 애덤 스미스Adam Smith, 존 스튜어트 밀John Stuart Mill, 레온 발라Leon Walras, 알프레드 마셜Alfred Marshall, 아서 세실 피구Arthur Cecil Pigou 등과 같은 유명한 학자들로부터 찬사를 받았다. 심지어 국가에서 거두는 세금을 가장 경계하는 신자유주의의 대부이자 시카고학파◆◆의 상징인 밀턴 프리드먼Milton Friedman마저도 토지 보유세를 '모든 세금 가운데 가장 덜 나쁜 세금'이라며

◆ 최초로 경제학이라는 단어를 언급한 사상가들을 고전파 경제학자라 부른다. 1776년 출간된 애덤 스미스의 『국부론』을 시작으로 이후 100여 년간 인류에게 경제학이라는 신학문에 관한 사고의 틀을 제공했으며, 중세 봉건시대에서 자본주의로 인류사가 전환되는 시점을 관찰하여 먹고사는 일과 이윤 추구의 문제를 계급 관계라는 틀로 분석하고자 하였다. 이들은 산업혁명을 거친 영국을 주 관찰 대상으로 삼았으며, 자본주의를 자본가, 지주, 노동자라는 3대 계급으로 구성된 사회로 보았다. 이를 바탕으로 현대 경제학의 원형이 되는 이론을 구축하였으며, 자유주의적 상업 사회가 경제 발전을 도모한다는 사상을 후세에 제공하였다.

◆◆ 미국의 시카고 대학교를 중심으로 하는 일군의 경제학자들을 일컫는 말로 신자유주의학파라고도 한다.
역사상 처음으로 민주적인 선거에 의해 선출된 사회주의 정부는 칠레의 '살바도르 아옌데' 정권이다. 이 정부를 총과 대포로 붕괴시키고 1973년부터 1990년까지 칠레를 지배한 독재자가 바로 군인 출신의 '아우구스토 피노체트'인데, 그의 이름 뒤에는 쿠데타, 고문, 철권통치, 학살이라는 단어가 항상 따라다녔다. 그가 대통령으로 재직한 17년간 민간인 3,197명이 정치적인 이유로 살해됐고 1천여 명이 실종되었다는 게 칠레 정부의 공식 집계이다.
이러한 피노체트 정권에서 경제정책의 조언자로 활동한 사람이 바로 시카고 대학의 밀턴 프리드먼이다. 그는 이 독재 정권에게 민영화, 무역 장벽 해체, 감세, 사회보장 지출 삭감, 기업에 대한 규제 완화 등의 정책을 제안했는데, 피노체트 정부의 핵심 인사로 있으면서 이 정책들을 집행한 이들 대다수가 시카고 대학에서 밀턴 프리드먼에게 경제학을 배운 이들이었다. 이를 계기로 학계에서는 시카고학파를 우파 경제학의 본산으로 부르기 시작했다. 추후 미국의 레이건 대통령과 영국의 대처 수상이 시카고학파의 경제정책을 채택함으로써 본격적인 신자유주의 시대가 열렸고, 이후 자본이 자유롭게 국경을 넘나들기 시작하면서 전 세계적으로 빈부 격차도 함께 심화되었다.

정당성을 부여했다. 경제학계에서 가장 오른쪽에 있는 보수주의 경제학자들조차 헨리 조지의 세금 정책을 지지했던 이유는 무엇일까? 그 이유는 토지 사용료 즉 월세 혹은 지대를 불로소득으로 봤기 때문이다. 부동산을 소유한 이들은 자신이 소유하고 있는 집과 아파트 그리고 그 건물이 들어서 있는 땅을 만드는 데 아무런 기여도 하지 않았다. 그들이 자기 것이라고 주장하는 그 땅은 태초에 조물주가 같이 쓰라고 준 인류 공동의 자산이라는 걸 누구도 부정할 수 없다. 그럼에도 그들은 부동산을 통해 획득한 풍요의 중독에 빠져 세상의 불평등을 당연시하고 있는 것이다.

"부와 특권의 불평등한 분배에서 발생하는 죄악과 비참함을 보면서 더 나은 사회를 이룩하는 것이 가능하다고 믿고 이를 위해 노력하려는 독자에게 바친다."라는 비장한 문장으로 시작되는 『진보와 빈곤』은 솔직히 책장 구석에 자리한 채 공간만 차지하는 대학 전공 서적의 느낌이 없지 않다. 그러나 헨지 조지는 이런 걱정을 불식시킬 또 다른 역작을 세상에 내놓았다.

경제학에 관한 공부와 훈련은 부족하지만 알고자 하는 의지는 강한 독자들을 위한 책 『사회문제의 경제학Social Problems』이 그것이다. 책이 나온 지 140여 년이나 지났지만, 이 책을 읽고 있으면 마치 2021년 부동산 대란을 겪었던 대한민국을 보는 듯하다. '진리는 시효가 없다.' 는 말이 너무 진부한가? 이름 없는 이가 추천하니 뭔가 믿음이 가지 않는가? 그렇다면 러시아의 대문호 톨스토이의 말에 귀 기울여 보자. 1906년 9월 22일 톨스토이는 이 책의 추천사에 이렇게 적었다.

헨리 조지가 쓴 뛰어난 책, 연설문 그리고 기사 중에서 이 책은 의심의 여지가 없는 최고의 작품이다. 이 책에서 드러나는 간결함, 명료함, 논리적 엄밀성, 논박하기 어려운 논증 방식, 문체의 아름다움, 진리와 선과 사람에 대한 진실하고도 깊은 사랑이 그것을 입증한다.

지금 우리는 부동산 문제가 일으키는 난리 속에 살고 있다. 현실이 헨리 조지의 혜안을 요구하고 있는 것이다. 하지만 우리 사회의 주류 경제학자, 언론, 정치인들은 헨리 조지를 알고 있으면서도 그를 감추기에 급급한 모습이다. 20세기 초 러시아의 톨스토이를 21세기 대한민국에서 찾는 것이 나만의 헛된 바람이 되지 않기를 바란다. 애초에 땅은 그 누구의 것도 아니었다.

2

경제학자들은 왜
경제를 예측하지
못할까?

'1998년 사업 계획서'의 비극

—

매해 11월 초, 기업의 각 부서들은 다음 해 사업 계획서를 준비해야만 합니다. 어느 직장인의 푸념처럼 연간 사업 계획은 "계획을 위한 보고서, 보고를 위한 계획서"일지도 모릅니다. 그럼에도 불구하고, 약 두 달여 동안 최소 3번 이상의 승인 요청과 반려를 거듭한 사업 계획서는 CEO의 승인을 받는 순간 부메랑으로 돌아와 그것을 작성한 노동자에게 1년 동안 족쇄로 작동합니다. 매달, 매 분기별로 수치화되어 있는 목표와 그에 따른 실적은 각 팀 구성원의 인격(!)입니다. 또한 목표 대비 달성률을 나타내는 퍼센티지(%)는 회사가 노동자에게 지급하는 기본 급여와 보너스의 기준이 됩니다. 하지만, 계획은 계획일 뿐 실제로 그걸 달성하는 건 쉽지 않은 일입니다. 사업 계획을 세울 때 모든 기업은 현실보다 최소 10~20% 정도 높게 목표를 잡습니다. 왜냐하면 현실과 유리된(!) 계획과 현실과 밀접한(!) 실적 사이의 간극은 곧장 노동 시간의 연장과 급여의 삭감으로 이어지기 때문입니다. 바로 이 지점에서 사업 계획서의 비극이 시작됩니다. 그리고 그 비극의 정점에 1997년 작성된 '1998년 사업 계획서'가 있습니다.

일반적으로 사업 계획서에는 주요 기관의 경기 전망 자료와 새로운 인력 및 조직의 배치 계획 등 수많은 근거와 수치 그리고 도표가 동원되지만, 결국 핵심은 '전년 실적과 비교해서 얼마만큼 더 성장할 수 있느냐'입니다. 종종 사람보다 더 신성시되는 기업 즉 법인의 관심은 오직 작년보다 얼마나 더 많은 매출과 이익을 올릴 수 있는가에 있을 뿐입니다. 실현 불가능한 계획을 현실로 만들기 위해, 끝없는 성장과 이윤 추구를 위해 법인은 새로운 인력을 채용하는 등 모든 노력을 기울입니다. 만약 다음 해의 경기 전망을 어둡게 보고 소극적인 사업 계획서를 경영진에게 제출하면 'Reject'라는 붉은 글씨와 함께 다음과 같은 메시지가 내려옵니다. '성장이 불가능하다는 예측은 아무런

악마는 꼴찌부터 잡아먹는다

의미가 없음. 힘들고 어렵다는 말 대신 회사에서 무엇을 해 주면 좀 더 성장할 수 있을지 검토한 후 다시 보고 요망!'

1997년 저는 과장 진급을 앞둔 대리 말년 차로 사업 계획서를 도맡아 작성해야 했습니다. 진급을 앞둔 저는 회사에 희망을 줄 수 있는 장밋빛 사업 계획서를 만들고 싶었습니다. 전년도 사업 계획서와 친구의 도움으로 어렵사리 구한 다른 회사의 사업 계획서도 참고했습니다. 1997년 사업 계획서와 대비하여 1997년 10월까지의 실적은 어떠했는지 분석한 후, 대기업 경제연구소들과 한국은행이 1998년을 대비해 내놓은 경제 예측 및 전망 자료들을 인용하였습니다. 그 내용은 아래와 같았습니다.

> 삼성경제연구소, 현대경제사회연구원, LG경제연구원 등 민간 경제연구소들은 11일 발표한 '98년 경제 전망'에서 수출이 점차 늘어나면서 성장률이 올해보다 높아져 경기가 서서히 회복세를 보일 것으로 예상했다. 삼성은 올 예상치 6.1%보다 높아진 6.8% 성장을, 현대는 6.6~6.9%, LG는 6.9%로 각각 내다봤다. (『경향신문』, 1997.9.12.)

1998년 한국의 경제 상황을 기억하는 이들은 이 기사가 얼마나 어처구니없는 내용인지 잘 알 겁니다. 이것뿐만이 아닙니다. 1997년 11월 IMF 외환위기가 벌어지기 불과 몇 달 전 가장 뛰어난 전문가 집단이 내놓은 1997년도 하반기 경제 예측도 엉터리이긴 마찬가지였습니다.

> 한국은행은 7일 내놓은 '하반기 경제 전망 보고서'를 통해 지난 상반기 중 실질성장률은 5.5%, 하반기엔 6.3%를 각각 기록해 연간으로는 6%에 달할 것으로 수정 전망했다. 한은의 이번 연간 전망치는 지난 3월의 전망치 5.5~6.0%보다 높은 것으로 최근 산업연구원(KIET)을 비롯, 삼성, 현대, 대우 등 민간 경제연구소들이 잇따라 올해 성장률을 고쳐 전망하고 있는 것과 맥을 같이한다. (『경향신문』, 1997.7.8.)

1998년 경제 전망에 대한 삼성, 현대, LG 등 민간 연구소와 한국은행의 예측은 1997년 대비 6% 성장이었습니다. 대한민국 최고의 경제 전문가들이 예측한 성장 수치가 6%이므로, 기업의 목표치는 최소한 10%는 되어야 합니다. 그래야만 경쟁회사를 제치고 앞서 나갈 기반을 마련할 수 있고, 그에 따른 투자도 이루어질 수 있기 때문입니다. 하지만 1998년도 사업 계획을 수립해야 하는 저희 팀은 불안했습니다. 1997년 1월부터

11월까지 시장에서 흘러나오고 있던 '소음(!)'이 결코 작지 않았기 때문입니다.

황금시대의 몰락 : 1997년 IMF 사태

—

1997년 1월, 자기자본이 900억 원에 불과한 한보철강이 은행에서 빌린 5조 원을 갚지 못해 결국 부도 처리되었습니다. 이것이 소위 IMF 사태에 방아쇠를 당긴 '한보 사태'입니다. 당시 경제 상황은 "재계에서는 한보 부도에 이어 경영난을 겪고 있는 일부 대기업의 부도가 이어질 것을 우려하였으며, 노동법 재개정 논의, 한보 부도 쇼크, 해외 신용도 추락, 환율 급등 등으로 연초부터 경영에 비상이 걸렸으며, OECD(경제협력개발기구) 가입 원년에 유리한 조건으로 해외 차입을 할 수 있을 거라는 기대마저 무산되는 분위기(『매일경제』, 1997.1.27.)"였습니다.

결국 그해 3월에서 6월 사이 삼미, 진로 등 대기업의 연쇄 부도가 이어졌고 7월에는 '기아 사태'까지 터졌습니다. 그로부터 두 달 뒤인 9월 29일에는 외환시장 개장 40분 만에 달러 환율이 폭등해 외환 거래가 중단되는 초유의 사태가 발생하였습니다. 다시 한 달 뒤, 당시 경제부총리 겸 재정경제원 장관 강경식은 "한국 경제는 기초 여건(펀더멘털 fundamental)이 건실해 동남아 국가와 같은 외환·금융시장의 위기 상황으로는 이어지지 않을 것이다(1997.10.27. 확대경제장관회의 중 발언)."라고 했으며, 이틀 뒤인 10월 29일 당시 김영삼 정부의 경제팀은 기자회견에서 "환율이 고개를 숙일 것이다. 외환시장이 안정되고 이미 발표된 두 번의 대책이 효과를 내기 시작하면서 주식 시장도 괜찮을 것이다.(『경향신문』, 1997.10.30.)"라고 전망했습니다.

그러나 당시 정부의 경제팀이 그토록 신뢰했던 '시장'은 채 한 달도 지나지 않아 한국의 경제 사령탑에 치명타를 가하고 말았습니다. 10월 29일 기자회견이 있은 지 정확히 23일 후인 11월 21일, 한국 정부는 IMF에 구제금융을 신청하였습니다. 그럼에도 당시 환율 폭등의 공포는 멈추지 않았습니다. 심지어 IMF로부터 1차 지원금 56억 달러를 제공받은 지 닷새 후인 12월 10일에도 외환시장은 개장 40분 만에 거래가 중단되었고 금융시장은 또다시 마비 상태에 빠지고 말았습니다.

제가 성심껏 작성한 1998년 사업 계획서는 결국 세상에 태어나지 못했습니다. 그해 저와 동료들은 어떠한 사업 계획도 세

악마는 꼴찌부터 잡아먹는다

우지 못한 채 고용 불안, 노동시간 연장, 급여 삭감에 시달려야 했습니다. 경제 전문가들이 예측한 1998년도 6% 성장 전망은 해가 바뀌기도 전에 휴지 조각이 되고 말았던 것입니다. 상황이 이러함에도 한국의 대자본과 재벌은 성장이 없는 사업 계획서를 받아들일 수 없었습니다. 당시 어떤 기업은 1998년을 위한 계획 대신 환율 등락에 따른 불로소득을 얻기 위해 계산기를 두드렸고, 다른 한편에서는 '이대로!'라는 건배사가 속절없이 유행했습니다. 경제는 난장판인데, 연말에 대선을 치른 정치계는 절망과 희망이 뒤섞인 칵테일을 내밀며 민심을 허망함 속에 취하게 내버려 둘 뿐이었습니다. 하지만 세월은 어김없이 흘러갔고 역사는 기록을 남겼습니다. 그로부터 1년 뒤 한국의 1998년 경제 성적표는 다음과 같았습니다.

- 1996년 세계에서 29번째로 OECD에 가입한 한국은 그해 1인당 GDP(국내총생산)가 최초로 1만 2,197달러에 이르렀으나, 불과 2년 뒤 1998년에는 7,355달러로 급락.
- 1997년 대비 1998년 경제성장률은 −5.5%를 기록.
- 실업률은 1997년까지 평균 2.51%였으나 1998년 실업률은 7%를 기록하며 그해 149만 명의 실업자를 양산. ◆

그로부터 8년 후, 소설가 한수산은 「소설가 한수산이 본 한국의 10년 - 저녁이 가면 아침이 온다」♦♦라는 글에서 외환위기 당시를 이렇게 기억했습니다. "성장만이 우리의 것으로 알았던 황금시대의 끝은 너무나 황망했다."

'한국 경제'를 모르는 한국의 경제학자들
—

2008년 10월 2일 『조선일보』주필 강석천은 「그 많던 경제학자는 다 어디로 갔을까?」라는 제목의 칼럼을 썼습니다. 미국의 부동산 버블 붕괴와 그로 인한 모기지론(부동산을 담보로 하여 장기로 주택 구입 자금을 대출해 주는 제도)의 부실화로 시작된 2008년의 글로벌 금융위기가 강석천 주필의 펜을 움직였던 것입니다. 이 칼럼의 문제의식은 명료합니다. "전문가라면 깜깜한 밤길을 걷는 국민의 발밑을 밝혀 줘야 한다."는 것입니다. 그는 이 글에서 미국의 신용평가회사인 무디스와 스탠더드앤드푸어스를 "불길한 소식을 물어 나르는 까마귀"로 표현했습니다. 1997년 "까마

♦ 박태호 외, 『한국경제의 이해』, 교보문고, 2008.
♦♦ 한수산, 『월간 조선』, 2006년 1월호.

악마는 꼴찌부터 잡아먹는다

귀의 울음소리에 달러 빚 이자가 몇 억 달러씩 치솟던 IMF 겨울의 악몽"이 그가 이 회사들을 불길함의 상징인 까마귀로 부른 이유였습니다. 이 신용평가사들이 매기는 국가신용도에 따라 한 나라의 경제가 휘청거렸으니 그렇게 부를 만도 하죠. 곧바로 그의 울분에 찬 목소리가 이어집니다. "태평양 너머까지 훤히 내다보는 눈 밝은 까마귀들이 바로 코앞에서 메릴린치, 리먼브라더스 같은 제 피붙이들이 주저앉을 땐 왜 졸고만 있었나 하는 생각" 때문이었습니다. 강석천 주필의 불안과 걱정 그리고 울컥함에 저는 동의하지 않을 수 없었습니다.

30대 초반, 1997년 11월부터 2001년 8월까지 이어졌던 IMF 탁치託治는 저의 젊고 푸른 날을 모든 것이 꽁꽁 얼어붙는 빙하기로 만들어 버렸습니다. 40대 초반, 2008년 미국발 금융위기라는 폭풍은 제가 다니던 회사의 절반을 날려 버렸습니다. 두 차례에 걸친 자본의 휘몰이 속에서 30대의 저는 형과 선배 들을 잃어버렸고, 40대의 저는 동료와 친구 들을 잃어버렸습니다.

몸이 아프고 건강에 이상을 느끼면 우린 의사를 찾아갑니다. 하지만 경제적 고통이 엄습해 올 때 우린 마땅히 찾아갈 곳이 없습니다. 강석천 주필도 이와 같은 생각이었을 것입니다.

경제학을 가난과 배고픔을 이겨 내는 무기로 인식하고 스스로를 무장시켜 왔던 경제학자를 그는 찾고 싶었던 것입니다. 강 주필은 경제학자들에게 용기를 가져 달라고 부탁했습니다. "자신의 명성에 금이 갈 것"을 두려워 말고 경제학자 본연의 임무를 지켜 달라고 했습니다. 그가 끝까지 믿음의 끈을 놓지 않았던 대상은 바로 한국의 경제학자들이었습니다.

믿음이 현실 속에서 힘을 가지기 위해서는 관심이 필요합니다. 관심이야말로 현실을 변화시킬 수 있는 첫걸음인 것입니다. 그렇다면 현실의 변화를 이끌어야 할 책무를 지닌 한국의 경제학자들은 무엇에 관심을 가지고 있을까요? 지금 그들의 머리와 시선은 어디로 향해 있을까요?

— 주요 대학의 이른바 일류 경제학자의 연구일수록 외국 학술지를 지향해 한국 경제의 현실 문제를 고려하지 않고 있다.

— 한국 경제학계는 대부분 외국에서 학위를 받고 외국 학술지 게재를 지향하는 연구자들로 구성돼 있어서, 한국 사회에 대한 문제의식이 결핍돼 있고 학문 재생산 능력도 상실했다. (…) 이런 이유로 한국의 경제학은 관료나 기업들과 진정으로 대화하지 못하며, 한국의 경제학자들은 한국의 경제 문제에 대한 진정한 전문가로 자처하기 힘들다.

경제학자들에게는 몹시 유감스러운 노릇이겠지만 위의 내용은 한국 경제학계와 학자들에 대한 연구 결과를 발표한 동업자(!)의 주장 중 일부입니다. 한국 경제의 담론이 우리나라 경제학자들의 머리에서 나오는 것이 아니라니, 충격입니다. 어쩌면 한국의 주류 경제학계는 미국을 중심으로 한 외국 경제학의 하청 업체일지도 모릅니다. 안쓰럽게도 한국의 경제학자들에 대한 강석천 주필의 믿음이라는 '투자(!)'는 '사기(!)'로 드러날 확률이 아주 높아 보입니다.

이런 주장이 담긴 논문을 발표한 주인공은 연세대 경제학과 홍훈 교수입니다. 한국사회경제학회 창립 20주년을 기념해 2007년 개최된 학술 대회 '민주화 이후 20년 : 한국 경제와 경제학'에서 발표된 이 논문의 제목은 「신고전학파 경제학의 변화와 한국 학계의 수용(1960~2006)」입니다. 비록 저는 논문 발표를 현장에서 직접 듣지는 못했지만, 이 발표가 한국 경제학계에 작은 파문 이상의 무언가를 일으켰으리라 생각합니다. 이 논문을 발표한 후 홍훈 교수가 겪었을 수난(!)과 학계의 비주류로서 느꼈을 소외감을 저는 그저 짐작만 할 따름입니다. 홍훈 교수는 한 인터뷰에서 안타까운 심정을 이렇게 표현하였습니다.

한국 현실을 말하는 경제학자도 있다. 그러나 이들이 학계의 중심에 있거나 이런 내용이 연구나 교육의 중심에 있지는 않다. (…) 경제학 연구와 교육이 한국 경제 현실에 기반을 두어야 하는데 그렇지 못하다. 경제뿐만 아니라 경제학에 대해서는 비판하는 사람이 더욱 적다. ◆

그 많던 경제학자들은 다 어디로 갔을까?

—

2008년 『조선일보』 주필 강석천의 문제의식과 질문에 대해 학계의 중심에 있지 않은 경제학자들 소위 '비주류 경제학자들'은 그보다 1년 전인 2007년 한 학술 대회에서 그에 대한 해답을 모색했던 것이었습니다. 그날 발표된 그들의 문제의식과 대답은 다음과 같습니다.

이병천 민주화 이후 20년, 한국사회경제학회 20년 : 전환 시대 한국 진보경제학의 길

박만섭 비주류 경제학 : 해외 동향과 국내 연구

◆「한국 경제학계에 '한국경제' 학자 없다」,『시사인』, 2008.10.21.

안현효 신자유주의 시대 한국경제(론)의 정치경제학

김상조 대·중소기업 관계의 변화 : 양극화 심화 및 연관 관계 약화

조복현 한국의 금융 시스템 변화 : 금융화의 발전

장상환 민주화 이후 소득 분배와 국가의 역할 변화

강신준 1987년 이후 노동 문제와 민주 노조 운동의 대응

전강수 부동산 정책의 역사와 시장 친화적 토지공개념

박진도 농산물 시장 개방과 농업·농촌 문제의 심화

정성진 1987년 이후 마르크스주의 경제학의 흐름

홍훈 신고전학파 경제학의 변화와 한국 학계의 수용(1960~2006)

_한국사회경제학회 창립 20주년 기념 학술 대회 '민주화 이후 20년
 : 한국 경제와 경제학'(2007)

대기업과 중소기업의 문제, 한국의 금융 시스템 문제, 소득 분배에 관한 논의, 노동 문제, 부동산 문제, 농업과 농촌에 관한 고민 등이 이날 학술 대회에서 논의된 내용입니다(그 결과물들은 2007년 발간된 『사회경제평론』 29호에 수록되어 있습니다). 솔직히 고백하건대 저는 위 논문들에 대해 가치판단을 내릴 능력은 없습니다. 하지만 위에서 다룬 주제들이 한국 사회가 겪고 있는 경제 문제의 주요한 논의 대상이라는 것은 알 수 있습니다. 특히, 비주류 경제학자들(이 논문을 발표한 분들께 비주류라 낙인찍는 실례를

범하는 것인지도 모르지만)의 시선을 접할 수 있다는 것이 더욱 저의 호기심을 자극하였습니다. 인간을 얻는 것과 잃는 것을 철저히 분석해 가장 합리적인 선택을 하는 존재로 전제하고, 현란한 도표와 그래프, 수치 등으로 자신을 치장하는 주류 경제학의 화려함과 그 뒤에 감춰진 현실의 비루함 모두를 경험한 저로서는 그들이 단지 비주류라는 것만으로도 매력을 느꼈습니다. 그리고 지금까지 마음속에 품고 있던 불안을 쫓아내며 언젠가는 경제학으로부터 위로를 받을 수 있을 거라는 희망도 가지게 되었습니다. '그 많던 경제학자들이 모두 다 어디로 간 것은 아니다.'라는 것을 이 학술 대회를 통해 확인할 수 있었기 때문입니다.

다시 한 번 더, 문제는 관심과 시선의 방향입니다. 어쩌면 주류 경제학자들이 그토록 강조하는 균형을 위해서라도 이제는 지금껏 소외되어 왔던 비주류 경제학자들의 이야기에 귀를 기울여야 합니다. 국내 최대 발행 부수를 자랑하는 『조선일보』의 지면에서 주류와 비주류 경제학자들이 만나 현실의 경제 문제에 관해 치열하게 토론하는 것을 보고 싶은 게 저만의 바람일까요? 이제부터라도 언론들은 "(인간의 무한한 욕망을 위해) 경제 발전과 성장을 도외시할 수 없다!"라는 주류의 주장과 함께 "먹거리가 더 넉넉해져도 그 넉넉함을 서툴게 나누면 부족한 먹거리를 골고루 나눌 때보다 더 불행해질 수도 있다."는 비주류의 목소리도 담아내야 합니다. 그리하여 우리는 여러 TV 방송이나 『조선일보』 지면에서 학계의 중심에 있는 경제학자와 그렇지 못한 학자 사이에서 벌어지는 치열한 토론과 논쟁을 듣고 읽을 수 있어야 합니다. 우리가 소외돼 있던 비주류 경제학자들을 불러내고 그들의 주장을 듣고자 할 때 비로소 "그 많던 경제학자는 다 어디로 갔을까?"라는 한탄은 사라질 것입니다. 그렇게 할 때 경제학과 경제학자들 또한 '깜깜한 밤길을 걷는 국민의 발밑을 밝혀' 주어야 할 그들의 의무를 이행하게 될 것입니다.

경제학의 변방이 주류를 견인한다

—

"고집스러움stubborn! 굴복하지 않는 고집스러움입니다."

엘리너 오스트롬Elinor Ostrom이 어느 인터뷰에서 한 대답입니다. 인터뷰어의 질문은 이러했습니다. "여성으로서의 삶에 어려움이 많았다고 들었습니다. 그 난관을 극복하고 여성으로서 처음 노벨 경제학상까지 받으신 비결이 뭔가요?" 그녀의 비결은 겸손한 '노력'이 아니라 굴복하지 않는 '고집'이었습니다.

정치학 박사로 그리고 여성 최초로 2009년 노벨 경제학상 (노벨 정치학상이 아닌!)을 수상한 그녀는 1965년 학교에서 차로 10분 정도 떨어진 곳에 1층짜리 나무 집을 손수 지었습니다. 그리고 이곳에서 마지막 숨을 거둘 때까지 평생을 살았습니다. '나 스스로를 붙잡고 있는' 아집이 아닌, '자기 머리에서 나온 생각과 믿음을 굳게 붙잡고 있는' 그녀의 고집이 이 일화에서도 잘 느껴집니다.

노벨 경제학상을 받았지만 당시 대부분의 경제학자들은 그녀가 누구인지 잘 몰랐을 겁니다. 그녀가 정치학자였던 까닭도 있겠지만 더 중요한 이유는 대부분의 경제학자들이 관심을 기울이지 않는 영역을 연구했기 때문입니다. 그녀는 경제학계에서만큼은 고집스런 비주류였습니다. '공유지의 비극Tragedy of the Commons'이라는 개념에 대한 새로운 해법은 주류가 아닌, 이 고집스런 비주류로부터 나왔습니다.

'죄수의 딜레마'라는 게임이론에 기초한 '공유지의 비극'은 널리 알려진 경제학 개념으로, 사익을 추구하는 합리적 개인들에 의해 공유 자원이 고갈되어 버리는 현상을 말합니다. 즉, 공중 화장실의 화장지가 우리 집 화장실의 화장지보다 더 빨리 고갈되는 현상을 설명하는 이론인 것이죠. 1968년 생물학자 가렛 하던Garrett Hardin이 『사이언스』에 「공유지의 비극」이라는 논문을 발표한 후, 이 개념은 많은 사람들이 자원을 공동으로 이용할 때 예견되는 환경의 악화를 상징하는 대명사로 사용되어 왔습니다. 그와 동시에 이 이론은 인간의 이기심이 개인의 이익은 물론 사회 전체의 이익으로 이어진다는 주류 경제학의 기본 개념이 허상이었다는 걸 증명하는 사례이기도 합니다.

이러한 허상에 대해 경제학자들은 두 가지 해법을 제시했습니다. 하나는 '공유 자원을 개개인에게 사유화시켜 공유 체제를 끝장내는 것'이었고, 또 다른 하나는 '공유지의 비극 때문에 발생하는 여러 가지 문제는 개인들 간의 협력만으로는 해결이 불가능하니 강제력을 행사할 수 있는 정부의 공권력(!)에게 맡기자'는 것이었습니다. 하지만 경제학계의 비주류이자 정치학자인 오스트롬은 제3의 대안을 제시했고 이 새로운 대안은 그녀에게 노벨 경제학상을 안겨 주었습니다.

그녀가 제시한 제3의 길은 외부의 힘이 아닌 공유 자원을 사용하는 이들이 함께 자치적으로 문제 해결의 방식을 찾고 제도화하는 것이었습니다. "공유 자원은 그 자원과 삶을 같이하는 지역 공동체의 주민들이 가장 잘 알고 있고 따라서 자율적으로 관리하는 것이 여러모로 가장 좋은 방안"이라는 그녀의 주장에 대해 대다수의 사람들은 이게 웬 공자님 말씀이냐고 시비를 걸지도 모릅니다. 하지만 그녀는 『공유의 비극을 넘어Governing the Commons』라는 책을 통해 세계 각국에서 수백 년 동안 공유 자원을 잘 관리해 온 사례들과 그들만의 정교한 제도적 장치들을 소개했습니다.

　'사용자들이 공유 자원을 자치적으로 관리하기 위해 정교하게 만들어 낸 의사 결정 방식과 규칙들'은 공자님 말씀에만 있는 것이 아니라 실제 현실에도 존재한다는 걸 그녀는 보여 주었습니다. 2008년 세계 금융위기 바로 다음 해인 2009년 노벨 경제학상을 수상한 그녀는 주류의 주장이 아닌 비주류의 고집이 필요한 시대가 도래하였음을 증명했던 것입니다. 이를 두고 당시 『워싱턴포스트』는 "현실 세계의 학자들이 노벨 경제학상을 받았다."는 논평을 내기도 했습니다.

　그녀의 연구는 비록 공중 화장실의 화장지와 우리 집 화장지 간의 소비 차이에 대해 완벽히 설명하지 못했지만, 집단의 구성원들이 오랫동안 활동을 함께하며 공유 의식을 갖게 되면 숲, 어장, 들판에 열린 과일 같은 공유 자원이 고갈되는 사태를 막을 수 있다는 걸, 합리적인 개인들 간에도 협동이 가능하다는 걸 설득해 냈습니다.

이 지점에서 저는 한 가지 억측을 부리고자 합니다. 그 억측은 공유지의 비극을 학계의 담론으로 만든 가렛 하딘이 생물학자이며, 공유지의 비극에 관해 제3의 대안을 제시한 엘리너 오스트롬이 정치학자라는 사실로부터 시작됩니다. 어느 누구도 생물학자와 정치학자에게 현실의 경제 문제에 대한 연구를 강요하지는 않았을 것입니다. 하지만 하딘과 오스트롬은 경제학자가 아님에도 자발적으로 이 문제들을 연구했고, 갇혀 있던 경제학에 새로운 숨을 불어넣었습니다. 하딘이 발표한 「공유지의 비극」은 10쪽 남짓한 짧은 에세이였지만 시장의 실패에 대해 새로운 대안을 촉구하는 선언이었습니다. 오스트롬의 연구는 끝없이 사익을 추구하는 합리적 개인들 간에도 협동이 가능하다는 것을 증명하였고, 이는 18세기 애덤 스미스 이래 주류 경제학이 주창한 논리의 기반을 흔들어 놓았습니다.

스스로를 "나는 정치경제학자political economist입니다."라고 규정한 오스트롬은 "일상생활에 필요한 제도를 구상하고 만드는 주인공은 평범한 사람, 바로 시민들이다."라고 말했습니다. "언제나 극단은 유용하지 않습니다.", "연구는 저 혼자 할 수 없습니다.", "저는 사람들에게 저의 말을 듣게 하는 것보다, 제가 사람들의 말을 듣고 그들을 이해하는 데 더 관심이 많습니다." 라는 말에 담긴 그녀의 연구 철학이야말로 경제학이 본래의 이름인 정치경제학을 찾아가는 가장 빠른 길이 아닐까 합니다.

이렇듯 엘리너 오스트롬과 같은 비주류 학자들의 자발적 의무는 경제학의 시야를 넓혔습니다. 진리가 결코 하나의 학문으로 완성될 수 없듯이, 경제학 또한 법학, 철학, 정치학 등과 같은 다른 사회과학과 동떨어진 채 홀로 설 수 없습니다. 그러한 고립은 경제학을 철창에 가두는 것과 다르지 않습니다. 경제학자의 의무는 비주류 학자들을 도외시하고 다른 학문들과 이별하는 것이 아니라 그들과의 만남을 적극적으로 주선하는 것입니다. 경제학의 성경이 된 애덤 스미스의 『국부론The Wealth of Nations』이 인간 윤리에 대해 다룬 그의 저서 『도덕감정론The Theory of Moral Sentiments』으로부터 잉태되었다는 역사적 사실, 이 점을 기억할 때 경제학은 이 시대의 목마름을 축일 수 있는 학문으로 거듭날 것입니다.

악마는 꼴찌부터 잡아먹는다

경제학자의 초상

장 지글러
Jean Ziegler, 1934~

꽃을 모조리 잘라도, 절대 봄의 주인이 될 수 없다

노마Noma라는 병이 있다. 고대 그리스의 의사였던 히포크라테스가 기록을 남겼을 정도로 오랫동안 인류를 괴롭혔던 질병이다. 이 병은 주로 영양실조에 걸린 어린이들 사이에서 창궐하는데, 면역 체계가 약화된 이들의 입안에 아구창과 같은 염증이 생기는 것으로 시작된다. 병이 악화되면 광대뼈와 코가 무너지고 볼에 구멍이 뚫리며 결국 환자는 죽음을 맞게 된다. 이 병을 치료하는 데 필요한 항생제의 가격은 3달러, 우리나라 돈으로 3,500원이다.

2014년 4월 7일 『경향신문』 특집 기사 「문명, 그 길을 묻다—세계

지성과의 대화」에 인터뷰로 나온 장 지글러 제네바 대학교 교수는 인터뷰 말미에 이 노마라는 병을 언급하며 한국의 지원을 당부했다. 나는 이 기사를 보고 처음으로 이 병에 대해 알게 되었다.

법학과 사회학을 전공한 장 지글러는 특히 국제법 분야에서 세계적으로 저명한 학자이다. 또한 유엔 최초의 '식량특별조사관'으로 일하면서 실증적인 사회학자로서 탁월한 면모를 보여 주기도 했다. 그는 경제학자들이 미처 다루지 못한 두 가지 주제 '왜 세계의 절반은 굶주리는가?', '왜 세계의 가난은 사라지지 않는가?'에 대해 자신의 아들 그리고 손녀와 대화를 나눈다. 그는 『왜 세계의 절반은 굶주리는가?La faim dans le monde expliquee a mon fils』라는 책에서 "굶주리는 세계의 절반을 위해 우리는 무슨 일을 해야 하나요?"라는 아들 카림의 질문에 이렇게 답한다.

> 무엇보다도 인간을 인간으로 대하지 못하게 된 살인적인 사회 구조를 근본적으로 뒤엎어야 해. 인간의 얼굴을 버린 채 사회윤리를 벗어난 시장원리주의 경제, 폭력적인 금융자본 등이 세계를 불평등하고 비참하게 만들고 있어. 그래서 결국은 자신의 손으로 자신의 나라를 바로 세우고, 자립적인 경제를 가꾸려는 노력이 우선적으로 필요한 거야.

아들이기에 그는 이렇게 강한 어조로 자신의 생각을 얘기했을지도 모른다. 하지만 그런 그도 손녀 조라에게 자신의 소망에 대해 이야기할 땐 할아버지의 따뜻한 시선을 잃지 않는다. 『왜 세계의 가난은 사라지지 않는가?Le Capitalisme Explique A Ma Petite-Fille』에서 그는 손녀와의 대화를 이렇게 마무리한다.

> 내 마음속엔 하나의 확신이 있지. 개개인의 행동이 중요하다는 믿음 말이다. 나의 소망은 시인 파블로 네루다가 말한 확신을 자양분으로 삼는단다. '꽃들을 모조리 잘라 버릴 수는 있지만, 그런다고 한들 절대 봄의 주인이 될 수는 없다.'

장 지글러는 아들과 손녀에게 경제학자들이 주목하지 않는 진짜 현실의 문제를 말하고 있다. 가난과 불평등을 극복하기 위해 경제학 공부를 시작했다는 수많은 경제학자들 중 어느 누구도 이렇게 심각한 주제에 대해 이렇게 쉬운 언어로 얘기하는 것을 난 본 적이 없다. 이것을 단지 경제학자의 태만으로만 돌릴 수 있을까?

코로나19로 인한 팬데믹은 신자유주의 경제 구조를 무너뜨리고 있다. 팬데믹 초기, 전 세계적으로 연결된 유통 구조는 보이지 않는 바이러스의 공격에 혈관이 막혀 방역 마스크조차도 제때 수급하지 못했다. 생산원가를 조금이라도 더 낮추기 위해 구축했던 글로벌 생산 체계의 허약함이 드러나며 요소수, 농식품, 가스, 자동차, 대형 IT 제품 등의 공급과 유통에서 차질이 빚어지고 있는 것이다. 동시에 팬데믹은 국가 간 그리고 계층 간에 벌어지고 있는 불평등 문제를 수면 위로 끌어올렸다. 보이지 않는 존재에 의해 그동안 숨겨 왔던 우리의 민낯이 그대로 드러난 것이다.

인류 전체가 위기에 빠졌는데도 특정 국가와 제약사의 지적재산권 문제로 인해 사태는 좀처럼 해결될 기미가 보이지 않는다. 바이러스가 백신 불평등에 편승해 스스로를 변이시키고 있는 상황에서 부자 동네와 선진국에서만 백신을 접종한다면 코로나19는 결코 쉽게 사라지지 않을 것이다. 이번 팬데믹 사태를 통해서도 알 수 있듯, 섬에 갇힌 이 시대의 경제학을 세상과 이어 주기 위해서는 우리 안에 숨어 있는 거대한 힘 즉, 세계화와 효율성에 대한 그릇된 믿음에 대해 의문을 가질 수 있어야 한다.

'이 거대한 힘을 뚫고 인간에 대해 이야기하는 경제학자는 어디 있는가?' 이런 의문을 품고 그동안 오로지 경제학자에게만 관심을 가졌던 나는 세상을 한참 잘못 보고 있었는지도 모른다. 문제의 핵심은 학문의 힘과 통찰력을 어디에, 어떻게 쓸 것인가다. 장 지글러는 경제학 바깥에서 얻은 경험과 학문적 성취를 인류와 소외된 사람을 위해, '밥을 키우고 자유를 확대'하는 데에 쓰고 있었다.

먹고사는 문제, 즉 경제학을 오직 경제학자에게만 맡겨 두기엔 이 세상과 우리의 삶이 너무나도 소중하다.

3

우리가 잃어버린 이름
'정치경제학'

이윤을 두 배로 만드는 방법

—

2000년 3월의 어느 날로 기억합니다. 드디어 저는 '부장'으로 승진했습니다. 당장 명함부터 바꾸었습니다. 새로운 명함을 기다리는 그 일주일이 유달리 길게 느껴졌습니다. 당시 저는 '부장'이라는 타이틀이 찍힌 새 명함이 나오기도 전에 이전에 쓰던 차장 직급의 명함을 몰래 버렸습니다. 하루라도 빨리 승진 사실을 사람들에게 자랑하고 싶었습니다. 명함 없이 지낸 그 일주일 동안 거래처 사람들을 만날 때면 전 이렇게 말했습니다. "이번에 제가 진급했는데, 아직 명함이 나오질 않았네요. 죄송합니다. 새로운 명함을 가지고 한 번 더 찾아뵙겠습니다." 멀쩡한 명함을 몰래 버리고도 저는 "박 부장님! 축하합니다!"라는 축하 인사가 뿌듯하기만 했습니다.

　드디어 부장이라는 두 글자가 선명히 박힌 명함이 제 손에 들어왔습니다. 그리고 얼마 후, 회사로부터 한 통의 이메일을 받았습니다. 본사에서 보낸 그 메일엔 승진을 축하한다는 인사와 함께 앞으로 회사 간부로서 해야 할 일이 적혀 있었습니다. 그중에 하나가 바로 저의 인맥을 회사에 보고하는 것이었습니다. 구체적인 내용은 다음과 같았습니다. 5급 이상 공무원, 언론사 기자, 대기업 부장 이상의 직급, 대학교수, 검경 고위 간부 중 친밀한 사람들이 있다면 그 명단을 제출하라는 것이었습니다. 힘 있는 사람들과 교류가 거의 없던 저로서는 당황할 수밖에 없었습니다. 저보다 먼저 승진한 선배들에게 왜 회사에서 이런 걸 요구하는지 물어보았습니다. 선배들도 정확한 이유는 알지 못했고 단지 이렇게 짐작할 뿐이었습니다. 회사에서 중요하게 추진하는 프로젝트나 기타 사업 등에 도움이 될 수 있는 인맥을 확보하기 위한 목적일 거라고.

　일반적으로 회사에서 부장이라는 직급은 관리자를 상징합니다. 실무자와 관리자의 업무 사이에 가장 큰 차이점은 무엇일

　　　　악마는 꼴찌부터 잡아먹는다

까요? 다른 점이 많지만 그중에서 가장 중요한 것은 관리자에게는 '수익(이윤) 관리'가 핵심 업무라는 것입니다. 실무자는 본인이 담당하고 있는 업무를 통해 판매(매출) 목표만 채우면 됩니다. 예를 들어 A라는 제품의 연간 판매 목표가 10억 원이라면 그 제품을 시장에서 10억 원 이상 판매하는 것이 실무자의 업무입니다. 하지만 관리자에게는 판매 목표 10억 원을 달성하는 것과 동시에 10억 원이라는 매출을 통해 수익 즉 이윤을 얼마만큼 확보할 수 있는가도 중요합니다. 즉 100을 투입해 110을 만드는 부장인가 아니면 100을 투입해 200을 만들 수 있는 부장인가가 회사에서 내리는 평가의 중요한 기준이 되는 것입니다.

기술혁신을 통해 시장을 선도할 수 있는 제품을 가지고 있는 회사들은 많지 않습니다. 대부분의 회사들은 시장에서 과점의 형태든 자유경쟁의 형태든 치열한 다툼을 벌일 수밖에 없습니다. 애플이 세계 최초로 스마트폰을 내놓았을 땐 많은 이윤을 확보할 수 있었습니다. 하지만 그 뒤 다른 경쟁사들이 스마트폰을 출시하기 시작하면서 애플의 이익률도 내려갈 수밖에 없었습니다. 이런 기술 선도적인 제품도 이익에 관해서는 확신을 가질 수 없는데, 기술과 제품의 질이 평준화된 산업 분야는 그야말로 치열한 경쟁이 벌어질 수밖에 없습니다. 이러한 현상은 특히 프로젝트 사업에서 극명하게 드러납니다. 여기서 말하는 프로젝트 사업이란, 정부가 한 도시에 시청을 지을 때 입찰 경쟁을 통해 건설 업체를 정하는 것 같은 일을 말합니다. 건설 분야에만 프로젝트 사업이 있는 건 아닙니다. 예를 들어 새 호텔이 생겨 대량으로 냉장고와 TV를 구매한다고 하면 가전제품을 판매하는 회사들은 그 프로젝트 사업을 따내기 위해 치열하게 경쟁합니다. 즉, 기업은 치열한 가격경쟁과 고객 설득을 통해 해당 사업을 따내게 되는 것입니다.

이러한 과정이 자본주의 시장에서 일어나는 보편적인 현상이라고 경제학 교과서는 말하고 있습니다. 하지만 현실은 이와 다른 경우가 훨씬 더 많습니다. 왜냐하면, 단지 치열한 경쟁(가격 면에서든 기술적인 면에서든)과 고객 설득만으로 이윤을 최대한 확보하는 게 실제로는 거의 불가능하기 때문입니다. 예를 들어볼까요? 한 회사에 똑같은 제품의 판매를 맡은 2명의 부장이 있습니다. A부장이 올린 수익률은 10%이고 B부장이 올린 수익률은 50%입니다. 이러한 실적 차이는 과연 어디에서 생기는 것일까요? 30여 년간 직장 생활을 한 제 경험에 비추어 보면 이 차이는 오로지 한 개인의 능력에서만 비롯되지는 않습니다.

경제는 본질적으로 정치적이다

—

A부장은 그해 실적이 형편없었습니다. 그에 반해 B부장은 목표의 90%를 달성하였습니다. 그런데 A부장은 마감을 얼마 남기지 않은 시점에 갑자기 매출과 이윤 목표를 초과 달성하며 결국 라이벌이던 B부장보다 높은 성과를 냈습니다. 우연히도 그해 가장 큰 프로젝트를 발주한 고객사의 '키 맨key man'이 A부장과 절친한 사이였던 것입니다. 과연 고객 회사의 중요한 인물과 친한 사이라는 이유 하나만으로 정말 이런 일이 가능할까요?

대형 냉장고를 대량으로 구매하려는 한 호텔의 프로젝트에 2개의 가전제품 회사가 뛰어들었다고 가정해 봅시다. 이 경우 그 호텔은 무엇을 기준으로 냉장고를 선택할까요? 가장 쉬운 대답은 가격일 것입니다. 하지만 가격이 프로젝트의 운명을 결정짓지 않는 경우도 많습니다. 일반인들은 잘 모르지만, 자세히 들여다보면 각각의 냉장고는 서로 다른 특징들을 갖고 있습니다. 예를 들어 얼음을 얼리는 데 걸리는 시간이라든가 공간 구조, 용량 등이 각기 다를 수 있는 거죠. 만일 그 호텔에서 정한 입찰 기준에 특정 회사의 제품만 가지고 있는 특징이나 기능이 포함되어 있다면 어떨까요? 특징과 기능 심지어 가격이 비슷한 냉장고일지라도 선택의 기준에 따라 운명이 갈립니다. 어떤 냉장고는 얼음을 얼리는 데 1시간이 걸리고 용량은 100입니다. 경쟁 제품은 1시간 5분이 걸리고 용량은 105입니다. 이런 경우에는 고객의 구매 기준점이 무엇인가에 따라 그 프로젝트의 향방이 갈리게 되는 것입니다.

문제의 핵심은 그 기준점을 사람이 정한다는 데 있습니다. 앞서 예로 든 A부장의 경우와 같이 고객사와 막역한 사이라면 그 회사 제품만이 가진 특징이 입찰 기준이 될 확률이 높습니다. 얼음을 얼리는 데 5분이 더 걸리고 안 걸리고는 기술 면에서 큰 차이가 아닙니다. 즉, 프로젝트 승패의 핵심은 판매자와 고객과의 관계인 것입니다. 그리고 그 관계를 통해 판매 금액과 마진이 결정됩니다. 호텔 측에서 1시간 이내에 얼음을 얼릴 수 있어야 한다고 기준을 정하면 5분이 더 걸리는 냉장고 회사는 입찰에 참가할 수 없게 되고, 결국 나머지 한 회사는 별다른 경쟁 없이 이윤을 챙기게 됩니다. 이런 이유로, 부장급 이상 관리자로 진급하는 순간 회사에서는 체계적으로 그들이 가진 인맥을 관리하는 것입니다.

기업의 목적은 최대한의 이윤 확보입니다. 100을 투입해

악마는 꼴찌부터 잡아먹는다

200을 만드는 것이 모든 기업의 꿈입니다. 그 꿈을 이루는 데 가장 큰 걸림돌은 바로 경쟁입니다. 기술 투자로 최고의 제품을 만드는 것보다 인맥 관리를 통해 경쟁에서 이기는 게 더 쉽다는 걸 산업 현장에 있는 사람들은 잘 알고 있습니다. 공정한 자유 경쟁 시장 하에서 '접대비'라는 게 존재하는 이유를 우리는 이러한 현실에서 찾을 수 있습니다. 2016년 9월 '김영란법'이 시행되었음에도 불구하고 그해 국내 기업들이 쓴 접대비는 10조 원을 돌파했습니다. 역대 최대 규모였습니다. 비용이 많이 드는 기술 투자보다, 시간과 노력이 많이 드는 연구 개발보다 지연, 학연 등 온갖 인맥을 동원해 이윤을 얻는 게 가장 쉽고 빠르다는 걸 아는데 어느 기업이 이 쉬운 길을 포기하겠습니까?

경제는 정치, 법률, 사상, 문화 등 사회의 다른 영역들과 아주 밀접한 관계를 맺고 있습니다. 이 불변의 법칙을 잘 알고 있는 전 세계의 기업가 즉 자본가들은 지금도 온갖 분야의 인맥을 동원해 끊임없이 이윤을 추구하고 있습니다. 100을 투입해 200을 만드는 가장 빠른 길은 '경제는 본질적으로 정치적이다.'라는 것을 깨닫는 것으로부터 시작됩니다. 이러한 깨달음이 비극이 될지 희극이 될지 여부도 결국 경제와 정치로 대표되는 사회적 관계에 의해 결정될 것입니다. 그 관계가 건강하게 형성되려면 무엇보다 정치권력과 자본 권력을 견제하고 감시하는 시민들의 역할이 가장 중요합니다.

가진 돈만큼 투표권을 갖는다? : 1원 1표제

각 시대마다 그 시대를 대표하는 이데올로기가 있습니다. 왕과 신하, 양반과 상놈, 천동설과 지동설, 반동분자와 빨갱이 등이 한 시대의 희극과 비극을 동시에 만들어 낸 이데올로기의 상징입니다. 이데올로기란 그리 거창한 것이 아닙니다. 이데올로기의 사전적 의미는 '개인이나 사회 집단의 사상, 행동 따위를 이끄는 관념이나 신념의 체계'입니다. 즉 '나를 행동하게 하거나 멈추게 할 수 있는 생각과 믿음'이라고도 정의할 수 있습니다. 제가 직장 생활을 처음 시작했을 시절엔, 여직원이 출근해서 가장 먼저 하는 일이 상사에게 따뜻한 모닝커피를 가져다주는 것이었습니다. 물론 요즘에는 이런 모습을 보기 힘듭니다. 하지만 불과 30여 년 전, 1990년대 초반엔 이런 사무실 풍경이 어색하지 않았습니다. 아침마다 상사에게 커피를 가져다주던 여직원의 행동은 사회적 환경이 보이지 않게 강요한 이데올로기의 한 표현이었던 것입니다.

그렇다면 봉건시대를 극복하고 탄생한 자본주의의 대표 이데올로기는 무엇일까요? 저는 정치체제의 바탕인 '1인 1표제'와 경제체제의 바탕인 '1원 1표제'♦가 이 시대 이데올로기의 뿌리라고 생각합니다.

정치체제의 1인 1표제는 개인의 재산과 무관합니다. 개인의 수입 혹은 자신이 사는 아파트 가격과 무관하게 누구나 1표를 행사할 수 있습니다. 모든 정치적 선거에서는 재벌 총수도 한 표를 행사하고, 저도 한 표를 행사합니다. 이로 인해 가끔은 재벌들이 지지하는 대통령이 낙선할 때도 있는 것입니다.

이와는 반대로 경제체제의 1원 1표제는 돈과 아주 밀접한 관계가 있습니다. 회사 혹은 법인에 돈을 가장 많이 투자한 사람(들)이 모든 중요한 결정을 내립니다. 회사의 가장 큰 의사결

♦ 1원 1표제는 자본주의 사회의 권력 관계를 표현하는 말 중 가장 핵심을 찌르는 용어로, 선거를 통해 국가 권력을 선출할 때 기준이 되는 1인 1표제와 대비된다. 1인 1표제는 평등에 방점이 찍혀 있지만, 1원 1표제는 자본의 크기에 방점이 찍혀 있다. 만일 우리 사회의 실질적인 주인은 재벌이라고 보는 시선이 있다면, 그 바탕엔 '우리 사회를 실질적으로 지배하는 것은 자본이며 이를 제도적으로 뒷받침하고 있는 것이 바로 1원 1표제'라는 사상이 깔려 있는 것이다. 즉, 1원 1표제는 주주총회에서만 적용되는 원칙이 아니라 자본을 많이 가진 사람이나 집단이 그 사회의 실질적인 주인이라는 사상을 상징한다고 볼 수 있다.

정 기구인 주주총회에서는 그 회사의 주식을 가장 많이 소유한 사람이 대표가 되거나 그가 대리인으로 지목한 사람이 CEO로 임명됩니다. 그래서 주식회사의 대표는 주주총회 선거에서 낙선하는 경우가 거의 없습니다.

우리는 이와 같은 상황을 지극히 당연한 것으로 받아들이고 있습니다. '경제적 측면에서는 돈이 주인이고, 정치적 측면에서 권력은 개개인으로부터 나온다.'는 인식은 과연 자연스러운 생각일까요? 아니면 우리가 자각하지 못하는 시대의 모순일까요?

"정치적인 이유와 논리로 경제 문제를 다루지 말라!", "정치 논리가 경제를 망친다!"라는 얘기를 우리는 심심찮게 접할 수 있습니다. 특히 정치라면 진저리를 치는 사람들은 더더욱 이 얘기에 공감할 수밖에 없겠죠. 이러한 주장을 하는 전문가들의 논리는 이러합니다.

월드컵 경기를 예로 들겠다. 한국 축구 대표팀은 아시아에서 최강이며, 무려 9회 연속 월드컵 본선에 진출했다. 하지만 아시아에서는 축구 강국인 한국이 세계 무대의 높은 벽을 넘는 경우는 극히 드물다. 비록 지역에서 뛰어난 실력을 갖고 있다고 해도 국제 무

악마는 꼴찌부터 잡아먹는다

대에서 다른 나라와 경쟁해 봐야 우리의 현재 위치와 강점, 약점 등을 알 수 있는 것이다. 경제도 그렇다. 이것이 경쟁의 힘이고 개방의 힘이다. 스포츠와 경제는 공통점을 가지고 있다. 정치적으로 이용되거나 실력 이외의 다른 논리가 작용하면 곤란하다. 스포츠는 역사적으로 정치적 선전의 수단으로 이용되기도 했지만, 현재의 스포츠 정신과 규칙은 경기장 내에서 정치적 선전을 금지하고 있다. 그리고 각국의 대표 선수의 선발 과정이나 평가에서 파벌이나 외부의 힘이 작용한다면 그 종목은 좋은 성적을 기대하기 어렵다. 이는 그동안 국내 국가 대표 선발 과정에서 문제가 있었던 종목의 성적을 보면 잘 알 수 있다. 경제도 마찬가지다. 경제 문제는 경제 논리로 풀어 나가야지 정치 문제로 왜곡될 때 공정한 경쟁이 제한되고 비효율이 발생한다.◆

윗글은 고려대 이동은 교수의 칼럼을 요약해 정리한 것입니다. 이 글의 핵심은 두 가지입니다. 하나는 우물 안 개구리에서 벗어나 경쟁과 개방을 통해 경쟁력을 키우자는 것입니다. 또 다른 하나는 정치가 경제에 간섭해서는 안 된다는 것입니다. 우

◆ 이동은, 「정치에 휘둘려 경제가 망가지는 영국과 미국」, 『조선일보』, 2016.8.18.

울하게도 저는 위의 주장을 들으면서 1994년 말 김영삼 정권이 추진했던 세계화 선언이 떠올랐습니다. 김영삼 정부의 '세계로 미래로 뛰자!'라는 구호는 1996년 한국을 OECD 신입 회원국으로 만들었습니다. 당시 OECD 가입 조건은 외환, 금융, 자본 시장을 개방하는 것이었는데, 이를 받아들이고 OECD에 가입함으로써 한국은 1980년 중반부터 미국이 추진했던 '국경 없는 세계 경제' 전략에 편입되었던 것입니다.

그러나 그 대가로 돌아온 건 1997년 IMF 외환위기의 고통이었습니다. 축구 대표팀이 월드컵 예선에서 탈락했을 때는 소주 한 잔과 탄식이면 족하지만, IMF 탁치로 인한 고통은 351만 명의 정성으로 모은 227톤의 금으로도 해결할 수가 없었습니다.

당시 OECD 가입은 시간을 두고 단계적으로 추진해야 한다는 신중론이 많았음에도 이런 결정을 내린 건 김영삼 정권이라는 정치권력이었습니다. 그 결과, 1년 뒤 외환위기가 터지며 한국 경제를 쓰나미처럼 쓸어 버렸습니다. 이런데도 경제 문제에서 정치를 떼어 내 분리해야 한다는 게 과연 올바른 주장일까요? 과연 경제와 축구는 비슷한 문제일까요?

경제에서 정치를 분리해야 한다는 환상

—

1996년 OECD 가입과 국경 없는 세계 경제로의 자발적 편입은 한국 엘리트 집단의 오판이었습니다. 1인 1표제로 선출된 정치 권력이 1원 1표제에 충성할 때 그 결과가 얼마나 파괴적일 수 있는지에 대한 반증이기도 했습니다. 자본에게 자유를 준다는 것 즉, 시장을 자본 스스로가 정한 논리에 맡긴다는 것은 1인 1표제의 공평함에서 자본을 예외로 둔다는 의미입니다. 이렇게 자본에게 무제한의 자유를 준 결과가 바로 IMF 구제금융 사태라는 비극이었던 것입니다. 정치 논리를 경제 논리에서 완전히 배제하겠다는 1인 1표제의 가치에 대한 거부가 현대사의 물줄기를 바꾸어 놓았던 것입니다.

이 같은 오판은 정치와 경제는 분리되어야 한다는 이데올로기적 환상에 그 뿌리를 두고 있습니다. 개인이든 국가든 '밥과 자유'의 문제 즉 경제 문제는 결코 경제 논리 하나로 해결할 수 없습니다. 게다가 21세기 들어 더 심화된 신자유주의는 1원 1표제에 시장 만능주의까지 더하였습니다. 이것은 1원 1표제가 1인 1표제를 무력화시키는 걸 의미합니다. 둘 사이의 불균형은 곧바로 민주주의의 위기를 불러옵니다. 즉, 사람의 권력과 돈의 힘 사이에서 아슬아슬하게 균형을 유지하고 있던 자본주의 체제가 급격히 돈이 주인 되는 세상으로 이동한다는 뜻입니다.

자본주의의 발전을 촉진한 이데올로기는 17세기 철학자 로크로부터 시작되었습니다. 그는 『통치론』을 통해 부르주아 계급에게 사적 소유의 정당성을 부여했습니다. 비록 루소가 『인간 불평등 기원론』에서 사적 소유의 부당함에 대해 강도 높게 비판했지만, 지난 300년 동안 대부분의 국가와 자본주의 체제는 일방적으로 로크의 손을 들어주었습니다. 그 결과가 바로 1원 1표제와 사유재산 보호 제도의 강화였습니다.

이 지점에서 우리는 두 가지 문제의식을 가질 수 있습니다. 하나는 '밥과 자유'의 문제를 다룰 때 기존의 주류 경제학으로 해결 방법을 찾는 게 맞는지, 아니면 정치경제학을 그 독해법으로 차용하는 게 맞는지의 문제입니다. 또 다른 하나는 도저히 화해할 수 없어 보이는 1인 1표제와 1원 1표제의 공존을 강요하는 이데올로기에 대해 문제를 제기하는 것입니다.

어떤 문제 혹은 주장을 접할 때 우리는 그것이 누구의 시선인지 그리고 그 논리가 누구에게 이익을 가져다주는지 따져 봐

악마는 꼴찌부터 잡아먹는다

야 합니다. 여기에선 정치와 경제를 분리하는 것이 과연 가능한지 그리고 그 둘을 갈라놓았을 때 누구에게 이익이 돌아가는지 생각해 봐야 합니다. 또한 1인 1표제와 1원 1표제 사이의 모순된 이데올로기가 언제까지 서로를 견제하며 균형을 유지할 수 있는지도 고민해 봐야 합니다. 왜냐하면 경제학과 정치경제학이 둘 중에 과연 누가 어떤 이름을 선택해 부를 것인가가 인간의 생각과 상상의 틀을 결정하기 때문입니다. "언어는 생각과 상상의 틀이다."라는 말은 경제학에도 적용되는 보편적 명제인 것입니다.

한국의 '정치경제학자' 김수행

—

1944년 프리드리히 하이에크Friedrich August von Hayek는 자신의 저작『노예의 길The Road to Serfdom』을 '모든 당파의 사회주의자'를 위해 헌정(!)했습니다. 저는 이 불편한 헌정의 대상에 김수행 선생도 포함되어 있다고 생각합니다. 1974년 노벨 경제학상 수상자이자 레이건과 대처 정부의 강력한 지지를 받으며 현실화된 '신자유주의' 사상의 대부이며, 밀턴 프리드먼과 함께 극우 경제학의 본산인 시카고학파를 상징하는 인물인 이 노학자의 헌정을 김수행 선생은 단호히 거부하였습니다. 우리는 이 헌정 거부 선언을 통해 한국의 정치경제학자 김수행을 다시 만날 수 있습니다.

> 지금과 같이 재벌이 정치와 경제 및 사법을 거의 지배하다시피 하고 있는 상황에서 '자유방임하면 사회 전체의 이익이 증진된다.'고 주장하는 것은 국민에 대한 사기에 지나지 않는다. 그리고 재벌이나 건설 회사에 특혜를 주는 것, 금융과 산업을 융합시켜 더욱 거대한 독점자본을 만들어 내는 것, 부자에게는 더욱 큰 부를 안겨 주고 빈민에게는 더욱 큰 빈곤을 안겨 주는 것, 걸핏하면 집회와 출판의 자유를 제한하는 것 등은 스미스의 '자유방임'과는 완전히 정반대이다.[♦]

> 신자유주의 30년의 결과는 노동자계급의 세력 약화, 지배층의 도덕불감증 만연, 민주주의의 큰 후퇴, 제국주의적 침략 전쟁의 강화, 자연의 대규모 훼손, 일국과 세계의 소득 격차 확대, 기생적인 금융적 투기 활동의 격증, 실업자의 증가, 세계적 독과점의 큰 진전, 강대국 사이의 불균등 발전, 국제 통화제도의 취약성 등이었

♦ 김수행, 「'보이지 않는 손'은 혁명 구호」, 『경향신문』, 2009.4.21.

악마는 꼴찌부터 잡아먹는다

다. 결국 신자유주의는 1974년의 대공황을 극복해 경제를 회복시키지 못했을 뿐 아니라 2008년의 대공황을 또다시 야기했다. 신자유주의는 자본주의의 추한 측면을 부각시키면서 이제 자본주의는 세계의 노동자계급과 서민의 타도 대상이 되었다. ✦

1992년 93세의 나이로 눈을 감은 하이에크는 다행히도 살아생전 한국 정치경제학의 상징인 김수행 선생의 이 헌정 거부 선언을 듣지 못했습니다.

애덤 스미스가 『국부론』을 출간한 1776년부터 약 100여 년 동안 경제를 연구한 대다수 학자들은 스스로를 정치경제학자라 불렀습니다. 그렇다면 대체 누가 '정치경제학'에서 정치를 떼어 내고 '경제학'이란 용어를 처음 사용했을까요? 그는 바로 뛰어난 수학자이자 경제학자였던 알프레드 마셜입니다. 그는 '경제학 현상'이라는 제목의 케임브리지 대학 취임 강연에서 '차가운 머리와 뜨거운 가슴'이라는 유명한 명언을 남기기도 했죠. 그로부터 5년 뒤인 1890년, 마셜은 『경제학 원리Principles of Economics』라는 책을 발간합니다. 이 책은 미시경제학의 체계를

✦ 김수행, 「대공황 탈출의 역사적 경험」, 『경향신문』, 2009.8.18.

구축한 역사적인 저작입니다.

　경제학을 이야기할 때 절대 빠질 수 없는 '수요와 공급'에 대한 논의와 수요와 공급 곡선을 이용한 상품의 가격 이론이 바로 이 책에 담겨 있습니다. 경제학을 공부하고자 하는 사람이라면 반드시 숙독해야 할 '입문'의 자리에 알프레드 마셜의 이론이 있는 것입니다. 표지에 라틴어로 '자연에는 비약이 없다.'라는 격언이 실려 있는 『경제학 원리』는, 인간은 합리적인 존재라는 전제 아래 수식과 부호로 경제 이론을 설명하는 신고전파 경제학✦ 즉 오늘날의 주류 경제학을 집대성한 책입니다. 하지만 알프레드 마셜은 정치경제학이라는 이름을 주류에서 비주류로

✦ 신고전파 경제학은 애덤 스미스의 '보이지 않는 손'으로 상징되는 고전파 경제학을 계승한 학파로, 정부의 적극 개입을 주장한 케인스 경제학에 대응해 형성되었다. 근대 시장주의 경제학의 출발점이자 미시경제학의 주류가 된 신고전파 경제학은 공리주의 철학에 사상적 기반을 두고 여기에 수학과 한계효용 원리를 결합시켜 경제 현상을 설명함으로써 그들만의 독자적인 기반을 마련했다. '합리적 인간'을 전제로 시장을 자율에 맡기면 수요 공급의 법칙에 의해 생산과 소비가 적절히 조화를 이루고 경제도 안정적으로 성장한다는 것이 이들의 주장이다. 따라서 이들은 시장에 인위적으로 개입하지 않는 '작은 정부'를 옹호한다. 그러나 1930년대의 대공황을 계기로 신고전파 경제학은 현실에서 멀어져 강단에 갇히게 되며, 그들의 영원한 맞수인 케인스학파가 1970년대 말까지 현실 경제를 이끌게 된다.

악마는 꼴찌부터 잡아먹는다

밀어낸 장본인이기도 합니다. 그 시점으로부터 71년 후인 1961년, 청년 김수행은 경제학을 공부하기 위해 대학에 들어갔습니다. 김수행 선생은 당시의 심정을 2010년 발간한 『청소년을 위한 자본론』에서 다음과 같이 말하고 있습니다.

> 그렇게 좋다는 서울대학교 경제학과에 들어와서도 우리 사회에 관한 나의 궁금증을 해명하는 강의는 하나도 없었습니다. '상품들 사이의 수요와 공급'이 경제 문제를 항상 해결하며, 이 해결책이 언제나 개인과 사회 전체에 가장 좋은 결과를 가져온다는 것이었습니다. 현실과는 완전히 동떨어진 결론을 내면서 희희낙락하는 꼴이 가관이었습니다.

청년 김수행이 대학에 다니던 시절에도 경제학과 커리큘럼은 온통 신고전파 경제학이 장악하고 있었던 것입니다. 하지만 그런 편협한 내용이 오히려 학생 김수행에게 '진정한 경제학은 무엇이고 그것은 누구를 위한 학문인가?'라는 질문을 던지게 만들었습니다. 무엇보다도 현실과 동떨어진 강의를 통해 오직 주류 경제학만 배울 수밖에 없었던 환경이 현실의 사회·경제적 문제와 부딪혀 파열음을 내면서 그를 정치경제학자의 길로 이끌었던 것입니다.

정치경제학에서 경제학으로 이름을 바꾼 신고전파 경제학은 계급의 문제를 경제학에서 추방하였습니다. 그러나 그것은 학문과 현실을 강제로 분리해 낸 심각한 오류였습니다. 계급 문제 즉, 빈부의 격차 문제가 엄연히 존재하는 상황에서 '비계급'의 학문을 배워야 했던 학생들은 공부한 것과 현실의 간극 사이에서 헤맬 수밖에 없었던 것입니다.

애덤 스미스를 모독하지 말라!

—

박정희와 전두환의 독재정치와 빨갱이 사냥이 극성을 부리던 이 기간에, 외국에서지만 마르크스를 공부하는 것은 큰 모험이었습니다. 그냥 좋아서 마르크스를 연구하는 것이 아니라 한국에 가서 한자리를 차지하고 싶은 생각이었다면, 당연히 마르크스는 피해야 할 대상이었습니다. 나는 가족과 함께 런던 한복판인 첼시의 기숙사에 살면서도 전화를 놓지 않았습니다. 내가 마르크스를 연구하는 것이 알려지면 한국에 돌아가지 못할까 걱정했기 때문입니다.◆

당시 한국 사회는 '겨울 공화국'이었습니다. 그럼에도 불구하고 그는 섬나라 영국의 심장부에서 스스로를 또 다른 섬에 가둔 채 시대의 금기였던 마르크스로 대표되는 정치경제학을 연구하였습니다.

김수행 선생은 마르크스의 『자본론Das Kapital』을 연구하고 번역한 것으로 유명하지만, 이와 동시에 그만의 독자적인 시점으로 주류 경제학의 성경인 애덤 스미스의 『국부론』을 번역해 출간하기도 했습니다. 경제학의 아버지로 불리며 자본주의와 자유경쟁의 이론적 체계를 구축한 애덤 스미스에 대한 관심도 거두지 않았던 것입니다. 마르크스를 전공한 그가 왜 『국부론』에 관심을 가졌던 것일까요? 김수행 선생이 직접 밝힌 이유는 다음과 같습니다. 조금 긴 인용이지만, 우리는 김수행 선생이 직접 번역한 『국부론』의 서문을 통해 정치경제학의 의미를 좀 더 정확하게 확인할 수 있습니다.

내가 국부론에 관심을 가지는 이유는 다음과 같다.

◆ 김수행, 『청소년을 위한 자본론』 중 머리말, 두리미디어, 2010.

첫째, 『자본론』에서 가장 많이 인용되고 있는 책이 바로 『국부론』이기 때문이다. 마르크스는 『국부론』을 연구하면서 자기의 경제학 체계를 세웠다고 말할 수 있다. 스미스가 창조한 경제학 용어와 개념을 마르크스는 한편으로는 계승하고 다른 한편으로는 비판하고 수정하면서 자기의 혁명적인 체계를 완성한 것이다. 내가 역자 주에서 기회가 생길 때마다 『국부론』과 『자본론』 사이의 이론적 계승과 단절을 언급한 것은 이 때문이다. 특히 마르크스는 스미스가 말하는 '노동의 자연 가격' 또는 '자연적인 임금수준'으로부터 '노동력이라는 상품의 가치'라는 개념을 창조함으로써 노동과 노동력을 구분할 수 있었고, 이를 통해 이윤의 원천인 잉여노동을 발견함으로써 자본축적과 노자 대립의 숨은 비밀을 폭로할 수 있었던 것이다.

둘째, 『국부론』에는 경제학의 체계를 세우려는 스미스의 진지한 조사와 탐구의 노력이 스며 있기 때문이다. 물론 이 책은 이데올로기적으로는 그 당시 유행한 중상주의를 비판적으로 극복하는 것을 최종 목표로 삼고 있지만, 이를 위해 스미스는 타당성에 의해 과학적으로 반박하고 있다. '국부the Wealth of nation'가 금과 은으로 구성된 것이 아니라 국민이 향유하는 인간의 노동 생산물로 구성되어 있다는 것을 증명하기 위해, 금과 은을 가장 많이 가지고 있는 스페인과 포르투갈이 왜 네덜란드와 영국 및 프랑스보다 가난한가를 분석했다. 또한 중상주의 정책들(예컨대 수출 증진 정책, 수입 억제 정책, 식민지 정책, 독점 무역 회사의 설립)이 일부 제조업자의 이익을 증진시킬 뿐이고 사회 전체에 대해서는 해롭다는 것을 방대한 자료를 통해 증명했다. 그리고 자유경쟁이 독점이나 배타적 특권보다 훨씬 더 사회의 이익에 봉사한다는 것을 입증하기 위해 동업조합과 동인도회사의 역사를 탐구했다.

셋째, 『국부론』이 강조하는 자유경쟁은 부르주아 경제학이 예찬하는 시장과는 다르다는 것을 알 수 있기 때문이다. 스미스가 지적하는 '보이지 않는 손an invisible hand'은 『국부론』에서 단 한 번 상권上卷 552쪽에서 언급되었을 뿐이고, 개인이 자기의 이익을 추구할 때 '보이지 않는 손'에 이끌려 사회의 이익도 증진된다는 주장이다. 또한 스미스가 말하는 '자연적 자유natural liberty'는 개인이 자신의 상태를 개선하려고 자연스럽게 노력하는 것을 막지 말라는 의미이지만, 사회 전체의 안정을 위협하는 몇몇 개인의 자연적 자유의 행사는 제한되어야 한다고 스미스는 강조한다. 따라서 '보이지 않는 손'이라는 은유나 '자연적 자유'에 의해 스미스가 우리에게 제시하는 사회철학은, 사회적 이익을 증진시키는 한도 안에서 개인이 사적 이익을 추구하는 것이 옳다는 것이다. 예컨대 독점자가 자기의 이익을 추구하는 자연적 자유는 제한되어야 하고, 독점자의 사적 이익은 사회의 이익을 증진시키지 않기 때문에 '보이지 않는 손'은 작동하지 않게 된다. 그런데 현재의 부르주아 경제학은 독점자본이나 다국적 자본이 사회 전체의 이익을 엄청나게 훼손하고 있는데도 불구하고 모든 것을 시장에 맡겨야 한다고 강변하고 있는데, 이것은 분명히 스미스를 모독하는 행위이다.

'주류 경제학자여! 경제학의 아버지인 애덤 스미스를 모독하지 말라!'는 김수행 선생의 주장은 『국부론』의 성장 과정과 궤를 같이합니다. 1776년에 초판이 나온 『국부론』은 애덤 스미스가 유명을 달리하기까지 14년이라는 세월 동안 많은 내용이 추가되었습니다. 공교롭게도 그가 생전에 직접 감수한 마지막 5판이 발간된 해는 1789년이었습니다. 이를 두고 김수행 선생은 "프랑스의 부르주아 혁명이 1789년 폭발했다는 점을 감안하면, 중상주의를 비판한 『국부론』이 일부 상인과 제조업자의 사적 이익 대신에 국민 대중의 이익을 옹호한 것은 그 당시의 시대정신을 반영하고 있다고 말해야 할 것이다."라고 언급했습니다. 이 말은 곧 시장에 개입하지 말라는 애덤 스미스의 주장은 반反독점을 의미하는 것이지 결코 자유방임을 뜻하는 것이 아니라는 주장과 일맥상통합니다.

악마는 꼴찌부터 잡아먹는다

다시, 정치경제학이라는 이름으로

—

2014년 김수행 선생은『자본론 공부』라는 책에서 정치경제학과 경제학(미시경제학과 거시경제학)을 다음과 같이 정리하였습니다.

> 경제 영역을 사회의 한 영역으로 생각하면서 경제 영역과 기타 영역(정치, 법률, 사상, 문화 등) 사이의 관계까지를 경제학의 연구 과제로 생각했던 '정치경제학'이, 개인(소비자, 생산자, 투기꾼 등)이 자기의 효용을 극대화하기 위해 어떻게 행동하는가를 연구하는 것(이른바 미시경제학)과 개인들의 행동을 합계(또는 집계)하여 경제 전체의 동향을 예측하는 것(거시경제학)으로 축소된 것입니다.

본질적으로 모든 학문은 인간이 직면한 문제를 해결하는 데 기여하는 것을 목표로 합니다. 단지 지적 유희만을 위해 태어난 학문은 그 생명력이 길지 않기 때문이죠. 사람이 사는 세상을 탐구하는 사회과학은 더더욱 그러합니다. 사회과학 중에서도 특히 경제학은 인간의 '밥과 자유'를 다루는 학문이기에 현실이 직면한 문제를 해결하는 데 일조해야 하는 것이 본연의 임무입니다. 이러한 임무를 수행하기 위해 경제학자들은 현실을 설명할 수 있어야 합니다. 더 나아가, 단순히 현상만을 설명하는 데 그치지 않고 우리 사회가 가지고 있는 문제들을 해결하는 데 초석을 제공해야 합니다.

이러한 측면에서 볼 때, 과학이라는 멋진 이름을 붙인 채 숫자와 도표만을 앞세우며 '오직 경제학'이라고 외치는 주장에 저는 신뢰를 보내기가 어렵습니다. 또한 옳고 그름 즉 가치판단의 문제를 넘어 오직 객관만이 중요하다고 주장하는 경제학자들 또한 저는 믿을 수 없습니다. 왜냐하면 경제학은 본질적으로 정치적 논쟁이며, 언제나 '누가 이익을 보는가?'라는 계급적 문제에서 자유로울 수 없기 때문입니다.

경제정책의 성공과 실패는 경제에 대해 제대로 정의를 내리는 일에서부터 시작된다고 저는 생각합니다. '경제는 밥의 크기를 키우고 자유를 확대하는 일이다!'라는 정의는 경제와 정치를 분리하고자 하는 지배 이데올로기에 대한 정당한 저항입니다. 인간의 삶과 행복은 경제와 정치, 법과 사회, 역사 그리고 문화 등과 상호작용하며 결코 분리될 수 없습니다. 노름판처럼 제로섬 게임으로 끝날 게 뻔한 금융시장에서도 이익을 창출할 수 있다고 주장하는, 정부의 개입을 죄악시하며 존재하지도 않는 합리적 개인을 바탕으로 오직 학문만을 위한 학문을 하고 있는 주류 경제학은 복잡하고 공허한 이론에 빠진 채 현실을 바꾸어 내지 못하고 있습니다. 경제학은 인간의 삶 속에 있어야 합니다. 경제학자들은 학문이 가장 빠지기 쉬운 함정, 즉 복잡한 이론과 공허함으로부터 탈출하는 길을 찾아야 합니다. 학문과 이론에 역사성과 현실성 그리고 실천성을 더해야 합니다. 그렇게 될 때야 비로소 우리는 경제학 본연의 이름인 '정치경제학'을 되찾을 수 있을 것입니다.

한국의 정치경제학자 김수행 선생의 마지막 강연은 2015년 6월 26일 금요일 오후 6시에 시작되었습니다. 그가 유명을 달리하기 정확히 35일 전이었죠. 그 거리 강연이 열린 장소는 재능교육 본사 앞 천막 농성장이었고, 학생들은 그곳에서 노숙하고 있던 해고 노동자들이었습니다. 칠순이 넘은 노교수는 그들에게 '1인당 국민총소득(GNI)'에 대해 이렇게 설명했습니다.

우리나라 국민소득이 1인당 2만 달러야. 2만 달러면 1인당 2천만 원이야. 갓난아기, 노인까지 합쳐서 모든 사람이 공평하게 나누어 가지면 1년에 2천만 원을 쓸 수가 있다는 거야. 한 가족이 4명이라고 하면 한 가족이 8천만 원을 쓸 수 있는 거지. 이걸 12개월로 나누면 660만 원이 되더라고. 4인 가족이 세금 다 떼고 순소득으로 한 달에 660만 원을 가질 수 있다는 거야. 그 정도가 우리나라의 경제 규모라고. 한 달에 660만 원을 순소득으로 세금 다 제하고 받는 사람이 그리 많아요? 없지요. 나도 없거든요. 처음부터 소득분배가 엄청나게 불균등하게 되어 있는 거예요. 소득만 균등하게 해도 모두가 살 수 있고, 자살 안 할 수 있고, 굶어 죽는다는 게 있을 수가 없는 거야. 그것을 늘 생각해.

위의 강연은 경제학 교과서에만 등장하던 '1인당 국민총소득'이라는 허울에 현실성과 실천성의 옷을 입힌 것입니다. 마르크스로 대표되는 정치경제학 연구에 매진하며 학자로서 본연의 임무를 다한 한국의 정치경제학자 김수행 선생은 이렇듯 강단 밖의 살아 있는 현재와 소외된 삶을 위해 평생을 바쳤습니다.

2015년 7월의 마지막 날, 김수행 선생은 다음 학기에 다시 만나자는 약속을 끝내 지키지 못하고 유명을 달리하셨습니다. 그의 갑작스런 죽음을 아직도 잊지 못하는 저는 오늘도 강의 노트 한구석에 적어 두었던 선생의 이야기를 떠올립니다.

어릴 적 기억이야. 공부에 취미가 없고 부모 말이라면 당최 듣지 않는 손자를 며느리가 심하게 혼내자 옆에서 이를 보고 있던 시

어머니가 한마디 했어. "내쫓더라도 돈은 쥐어 주고, 옷은 제대로 입혀 내보내야 한다. 그래야 정신 차렸을 때 다시 시작할 수 있는 법이야." 칠십 년 모진 세월을 겪은 노인의 말이라고 무시할 수도 있지만, 나는 이 기억이 아직도 생생해. 이상하게 나는 자꾸 해고 노동자와 그 손자가 겹쳐 보여.

선생은 항상 억센 경상도 사투리를 구사하셨습니다. 강한 경상도 억양에 담긴 교육과 삶에 대한 그의 철학이 다시 듣고 싶어지는 요즘입니다. 대학원 첫 수업이 끝난 후 선생은 제게 이렇게 말씀하셨습니다. "하고 싶어서 그리고 일하면서 하는 공부가 진짠기라! 수업 빠지지 마래이!"

칼 마르크스
Karl Heinrich Marx, 1818~1883

중요한 것은, 세계를 변화시키는 일이다

영국 랭커스터 대학의 영문학 교수이자 저명한 문학 비평가인 테리 이글턴은 2011년 『왜 마르크스가 옳았는가?』라는 책을 펴냈다. 나는 이러한 문제 제기를 좋아하지만, 이 질문을 둘러싸고 있는 냉소와 비판까지 있는 그대로 모두 받아들일 이유는 없다고 생각한다. 왜냐하면 마르크스에 대한 냉소와 비판은 대부분 그의 수많은 저작과 5천 페이지가 넘는 『자본론』을 제대로 이해하고 제기한 것이 아닐 확률이 높기 때문이다.

변증법적 유물론, 생산력과 생산관계, 노동가치설 등을 기반으로 저술된 그의 경제학 이론들은 오늘날 대부분의 정치, 사회, 경제적 문제에 대한 이해의 기초를 이루고 있다. 그러나 나는 마르크스에 대해 어떠한 신비주의도 가지고 있지 않다. 골치 아픈 그의 이론을 제대로 이해할 능력은 더더욱 없다. 그럼에도 불구하고 내가 분명히 아는 것은 세계사에 끼친 영향력만을 놓고 봤을 때 마르크스는 그 어떤 사상가, 경제학자, 철학자보다 더 큰 힘을 발휘한 인물이라는 것이다.

또 하나 매력적인 것은 그가 자신의 생각을 전달하고 이해시키고자 한 대상이 바로 일하는 사람들이라는 점이다. 내가 아는 한 '일하는 사람들'이란 어떤 분야에 타고난 능력을 가진 것이 아니라 그저 노력하는 사람들이다. 어떤 의미에서 노력이란 시시포스가 끊임없이 바위를 밀어 올려야 했던 것처럼 실패하고, 포기하고, 다시 시도하며 조금씩 나아가는 힘겨운 노동이다. 이 위대한 사상가가 평생에 걸쳐 설득하고 돕고 싶어 했던 이들은 이렇게 하루하루 자신의 육체를 갈아 넣으며 살아가는 노동자들이었던 것이다.

런던의 빈민가를 전전하며 『자본론』을 집필하던 시기에 마르크스는 세 자녀를 잃었다. 특히 셋째 딸의 주검 앞에서 그의 아내 예니는

"그 조그마한 천사가 바로 우리 곁에서 핏기를 거두며 차갑게 죽어가는 것을 보고 우리는 통곡하였습니다. 그 아이는 태어났을 때도 요람을 가지지 못했는데 이제 마지막 잠을 자야 하는 관조차 그를 거절하고 있습니다."라며 슬픔을 가누지 못했다. 마르크스는 왜 자식의 관을 사기 위해 돈을 빌리고 장례를 치르기 위해 옷가지를 팔아야 했던 처절한 가난 속에서도 연구를 그만두지 않았을까?

현실에서 마르크스주의를 지지하는 국가가 거의 사라진 지금에도 자본주의의 문제점을 해결하고자 하는 이들은 다시 마르크스의 저작을 읽고 그의 분석에서 대안을 모색한다. 런던 대학교 교수 메리 데이비스 로열 할러웨이는 2018년 『중앙일보』와의 인터뷰에서 "사람들은 왜 지금도 빈곤층이 많고 성별 임금 격차가 생기며 전쟁이 일어나는지 이유를 묻는데, 마르크스가 아니라 마르크스주의적 분석이 답을 찾는 데 도움을 줄 수 있다."며 "마르크스가 당시 이슈를 다뤘다면, 우리는 그의 방법론으로 오늘날 답변을 찾아야 한다."고 말했다.

1883년 3월 14일 오후, 『자본론』을 끝내지 못했다는 한을 품은 채 마르크스는 65세로 생을 마감했다. 그는 "인간이란 자기의 운명을 지배하는 자유로운 자"라고 믿었지만 죽음 앞에서 끝내 스스로의 운명은 어쩌지 못하였다. 런던 하이게이트에 있는 그의 묘비에는 "지금까지 철학자들은 세계를 여러 가지로 해석만 해 왔다. 그러나 중요한 것은 세계를 변화시키는 일이다."라는 문구가 적혀 있다. 어쩌면 이것이야말로 그가 극한의 궁핍 속에서도 하루 종일 대영박물관 도서실 모퉁이에서 연구에만 몰두했던 이유이자 동력일지도 모른다. 이렇듯 힘겨운 현실의 노동이 세계를 변화시킬 수 있다는 희망을 보듬어야 그 지속성을 유지할 수 있다는 걸, 마르크스는 온몸으로 보여 줬다.

4

경제학의 중심에는
사람이 있어야 한다

숫자는 사람에 대해 말하지 못한다

—

나 혼자서는 결코 찾을 수 없는 무언가를 깨닫게 해 주는 이야기들이 있습니다. 매주 찾아봐야 하는 수고로움에도 불구하고 몇 달 동안 가슴을 따뜻하게 해 주었던 드라마 「디어 마이 프렌즈」. 이 작품이 제겐 그런 것이었습니다.

2016년 노희경 작가와 홍종찬 PD가 함께 만든 이 드라마는 평범한 사람들에 관한 진솔한 이야기입니다. 이런 멋진 작품을 만든 작가와 PD도 대단하지만, 여기에 등장하는 배우들의 면면을 보면 앞으로 과연 이들 모두를 끌어안을 수 있는 작품이 또 나올까 싶기도 합니다. 이 드라마의 주인공들은 고향 친구들이자 초등학교 선후배인 김혜자, 나문희, 고두심, 박원숙, 윤여정, 주현, 김영옥, 신구, 남능미 등입니다. 그리고 이들을 지켜보며 기록하고 그들로부터 삶을 배우는 이가 바로 고현정이며, (우리가 아는 바로 그!) 조인성은 단지 고현정의 옆을 지키는 주변 인물에 불과합니다. 당시 제 직장 후배 중 한 명이 「디어 마이 프렌즈」의 폐인이었습니다. 그 후배는 늙음과 병이 느닷없이 들이닥쳐 삶을 짓누르더라도 그것을 이겨 낼 수 있는 힘은 결국 곁에 있는 사람들한테서 온다는 걸 이 작품을 통해 알게 되었다고 합니다.

드라마가 삼분의 이쯤 방영되었을 때입니다. 저와 후배는 그날도 예외 없이 같이 점심을 먹으며 「디어 마이 프렌즈」에 대해 이야기를 나누었습니다. 그 내용을 잠깐 적어 보겠습니다.

드라마에 나오는 고향 친구들은 어느 날 누군가의 제안으로 충남(윤여정 분)의 집에서 같이 살아 보기로 합니다. 어린 시절의 약속을 실행에 옮기기로 한 것이죠. 그리곤 각자 맡을 역할을 정하고 하루 일과도 함께 맞춰 봅니다. 마지막엔 가장 중요하다고 할 수 있는 생활비에 대해 의견을 나눕니다. 각자 매달 30만 원씩을 내기로 결정하지만 한 명만은 예외로 합니다. 이 모임의 총무 격인 충남이 정아(나문희 분)는 생활비를 20만 원만 내게 하자고 제안했기 때문입니다. 그러자 정아는 왜 나만 적게 내냐고, 공평하게 부담하자고 충남에게 따지듯 묻습니다. 이에 충남은 "똑같이 내는 게 아니라 형편껏 내는 게 공평한 거야."라며 정아의 자존심 담긴 목소리를 묵살합니다. 그냥 스쳐 지나가도 상관없을 이 짧은 문장을 저와 후배는 똑같이 기억하고 있었습니다. 어찌 보면 그리 감동적인 대사도 아닙니다. 하지만 드라마가 종영되고 6년이 훌쩍 지난 지금, '공정'에 대해 사람들이 핏대를 세우며 얘기할 때마다 저는 이 대사가 떠오릅니다.

드라마의 등장인물들은 아마도 경제기획원이 주도한 박정희의 개발 시대에 가난한 청춘을 보냈을 겁니다. 이들이 생애 처음으로 집을 마련하고 자식을 대학에 보낸 시기는 한국 경제의 최대 부흥기였던 1970년대에서 1980년대 사이일 거고요. 당시는 한국의 GDP가 눈부시게 성장할 때입니다. 2011년 2월 1일 『한겨레21』 기사는 "5·16 쿠데타가 일어난 1961년 82달러이던 1인당 국민총소득은 박 전 대통령이 사망한 1979년 1,636달러로 20배로 불어났다. 수출은 4천만 달러에서 150억 달러로 급

상승했다. 이 기간 한국의 연평균 성장률은 9.3%에 이르렀다.”
라고 기록하고 있습니다. 또한 2021년 11월 23일 『중앙일보』
는 「공권력으로 물가 잡고, 글로벌 3저 호황 겹쳐 경제성장」이
라는 제목의 기사에서 전두환 정권의 경제 성적표를 다음과 같
이 기록하고 있습니다.

> 경제의 체질이 바뀌면서 성장 기반도 다잡았다. 운도 따랐다. 때
> 마침 세계적인 3저 호황(저달러·저유가·저금리)까지 겹치면서 한국
> 경제는 1986년부터 1988년까지 매년 10%가 넘는 경제성장률을
> 달성할 수 있었다. 1986년 아시안게임과 1988년 서울 올림픽을
> 통해 글로벌 시장을 향한 발판도 마련했다. 전 전 대통령 재임 기
> 간 1인당 GDP는 1980년 1,714.1달러에서 1988년 4,754.5달러
> 로 2.8배 늘었고, 만성적 무역 적자도 흑자 구조로 바뀌었다. 한
> 국 경제는 지속 성장 궤도로 접어들었고, 중산층도 두터워졌다.
> 부가가치가 높은 자동차·전자·반도체 같은 첨단산업이 세계적
> 인 경쟁력을 갖추기 시작한 것도 이 무렵이다. 하지만 이런 경제
> 적 성과도 정경유착과 각종 권력형 비리로 결국 빛이 바랬다.

숫자만 놓고 보면 박정희와 전두환 정권은 어느 하나 흠잡
을 곳이 없어 보입니다. 하지만 21세기의 눈으로 지난 시대를

돌아볼 수 있는 우리는 삶이라는 것이 오롯이 숫자나 통계로 환원될 수 없다는 걸 잘 알고 있습니다.

「디어 마이 프렌즈」에 등장하는 인물들 하나하나를 찬찬히 들여다봅니다. 국가의 부가 20배로 늘어날 때 과연 이들의 삶도 20배 좋아졌을까요? 온 생애를 바쳐 열심히 살아온 그들에게 남은 건 고작해야 서울 변두리의 허름한 집 한 채뿐입니다. 누구는 평생의 소원인 해외여행 한 번 가지 못했고, 누구는 환갑이 넘은 나이에도 여전히 짬뽕과 커피 장사에 매달려 있으며, 누구는 콜라텍에서 노인들에게 서비스를 제공하는 걸로 하루하루를 연명해 갑니다. 박정희 시대에는 1인당 국민총소득이 20배로, 전두환 시대에는 GDP가 2.8배로 늘어났지만 그 눈부신 열매는 결코 그들의 몫이 되지 못했습니다. 그럼에도 그들은 그럭저럭 자신들의 삶에 만족하며 다가올 죽음을 생각하고 준비합니다.

경제를 성장시키는 일은 결국 인간의 삶을 성장시키기 위한 것이라는 명제에 동의한다면 우리는 숫자보다 그 시절을 살아 낸 평범한 이들의 작은 역사를 더 소중히 기억해야 할 것입니다. 왜냐하면 이들이 지금껏 버텨 낼 수 있었던 건 숫자로 대변되는 눈부신 경제 발전의 결과 때문이 아니라 팍팍한 삶 속에서도 함께 부대끼며 끝까지 곁에 있어 주었던 사람들 때문입니다.

우리의 삶을 지배하는 절대 숫자 'GDP'

—

우리가 건설할 문명의 형태는 그것을 측정하는 방식에 따라 달라진다. 그 이유는 매우 단순하다. 측정 방식이 우리가 사물에 부여하는 가치를 변화시키기 때문이다. 이 말이 그저 시장가치를 의미하는 것은 아니다. (…) 우리의 측정 체계는 평균값을 기본으로 생각하게 만든다. (…) 평균적인 개인이라는 것은 존재하지 않는다. 증대되는 불평등은 평균값과 현실 사이의 간극을 점점 더 넓혀 놓고 있다. 평균에 대해 이야기하는 것은 불평등에 대한 이야기를 회피하는 방법 중의 하나이다.

위의 글은 『GDP는 틀렸다Mismeasuring our lives』라는 책에 실린 프랑스 23대 대통령 사르코지의 축하 인사 중 일부입니다. 이 책은 사르코지가 2008년 설립한 '경제 성과와 사회 진보 측정을 위한 위원회'에서 출간했습니다. 처음 이 글을 읽고 나서 저는 화색을 띠며 반겨야 할지, 심드렁한 표정을 지으며 정치인이 내뱉는 알맹이 없는 말로 치부해야 할지 고민할 수밖에 없었습니다. "제왕적 대통령이 아닌 기업가 대통령이 되겠다."던 그의 취임 일성은 우파 대통령의 솔직함이라 생각할 수 있었지만, 위의 글과 그가 만든 위원회는 전 세계 우파와 신자유주의자들의 심기를 상당히 불편하게 만들 수도 있겠다는 생각이 들었기 때문입니다.

솔직히 저는 사르코지의 글과 정치적 행위가 계산된 것인지 아닌지 판단할 능력도, 그럴 자격도 가지고 있지 않습니다. 하지만 사르코지의 축하 글 뒤로 이어진 책의 머리말과 위원회 대표 3인의 면면은 새로운 경제 생태계의 시작을 알리는 첫걸음으로 전혀 부족하지 않았습니다. 위원회의 대표를 맡은 3명의 경제학자는 조지프 스티글리츠Joseph E. Stiglitz, 아마르티아 센Amartya Kumar Sen, 장 폴 피투시Jean-Paul Fitoussi로, 그들이 쓴 머리말은 이렇게 시작합니다.

사회가 점점 성과 중심으로 변하면서 계량의 중요성이 부각되어 왔다. 우리가 무엇을 측정하는가가 행동에 영향을 미친다. 더 나아가, 잘못된 계량 방식으로 내려진 잘못된 판단이 그릇된 결과를 만들어 낼 수도 있다. 예를 들어 GDP의 증가만을 추구하다가 정작 국민들을 더 못사는 사회로 몰아갈 수도 있다. (…) 국민의 복지를 증진하는 것이 경제 본연의 임무다.

아마도 고등학교 시절 사회 시간에 졸지 않은 사람은 GDP를 기억할 것입니다. GDP는 'Gross Domestic Product'의 약자로, 한 나라의 모든 경제주체가 일정 기간 동안 생산한 재화 및 서비스의 부가가치를 합한 것을 의미합니다. 이것을 공식으로 표현하면 다음과 같습니다.

GDP＝소비＋투자＋정부지출＋(수출－수입)

이 공식을 바탕으로 세계은행(IBRD)은 매해 6월 혹은 7월에 전 세계 205개 국가의 GDP 순위를 발표합니다. 2021년 기준 전 세계 GDP의 1, 2, 3위는 미국, 중국, 일본입니다. 우리나라는 2009년부터 2013년까지는 14위를, 2014년엔 13위를 차지했습니다. 2015년부터 2016년까지는 11위까지 올랐다가 2017년과 2018년에는 12위로 한 계단 내려왔습니다. 대한민국이 10위권 밖에 있다 해도 그리 아쉬워할 이유는 없습니다. 우리 앞에 있는 나라들은 독일, 영국, 프랑스, 인도, 이탈리아, 브라질, 캐나다, 러시아 등으로 인구나 영토 면에서 그리고 경제 규모 면에서 한국보다 월등히 큰 국가들이기 때문입니다.

악마는 꼴찌부터 잡아먹는다

현대 경제 영역에서 GDP는 아주 힘이 센 개념이자 측정 수단입니다. 『GDP의 정치학Gross Domestic Problem』을 쓴 로렌조 피오라몬티Lorenzo Fioramonti는 GDP를 한마디로 '우리의 삶을 지배하는 절대 숫자'라 정의하였습니다. 이 책의 서론 '세계에서 가장 강력한 숫자'라는 글에서 그는 GDP의 절대적 지위에 대해 이렇게 얘기합니다.

> 수십 년 동안 GDP의 주문呪文이 공적 토론과 미디어를 지배해 왔다. 나라들은 GDP에 따라 순위가 매겨졌고, 국력에 대한 지구적 정의는 GDP에 근거했으며, 지구적 거버넌스 기구들의 접근권도 GDP 성과에 따라 부여되었고(예컨대 G8 또는 G20 회원국은 그들의 GDP에 따라 선별된다) 개발 정책들은 GDP의 공식에 따라 만들어지고 집행되었다.

피오라몬티의 이 같은 주장은 탱크와 미사일의 개수보다 GDP 수치가 훨씬 더 강력하게 인류의 일상을 지배하고 있다는 뜻입니다. 왜냐하면 탱크와 미사일은 실제로 전쟁이 발생했을 때나 그 위세를 떨치지만, GDP는 평화로운 시기에 소리 없이 우리 일상에 스며들어 삶의 질을 결정짓기 때문입니다. 피오라몬티는 특히 GDP가 정치인과 가장 친한 친구가 되는 것을 경계하였습니다. GDP는 경제 성과를 나타내는 강력한 지표이기 때문에 그것이 정치인들의 치적을 자랑하는 선전 도구가 되는 순간 그 나라의 불평등은 더욱 심화될 것이며 복지 정책 또한 후퇴할 것이란 걸 알았기 때문입니다.

GDP는 틀렸다!

—

1934년 GDP 개념을 최초로 정의한 미국의 경제학자 사이먼 쿠즈네츠Simon Kuznets는 GDP의 태생적 한계에 대해 이렇게 고백하였습니다.

> 국민소득 추계로부터 한 나라의 후생을 알아내기는 매우 어렵다.

이 말을 현실에 적용해 볼까요? 공장의 폐수로 인해 한 마을의 식수원이었던 강물이 오염되었다고 가정해 봅시다. 마을 사람들은 그동안 공짜로 마시던 강물 대신 자신의 주머니를 털어 생수를 사서 마셔야 합니다. 이 소비 덕분에 GDP의 수치는 오르겠지만, 그 마을의 후생 즉 살림살이는 더 어려워질 것입니다. 이것이 바로 쿠즈네츠가 말하는 GDP의 태생적 한계입니다.

GDP가 탄생한 지 거의 백 년이 다 되어 가는 지금도, 몸이 아파 약을 많이 복용하면 할수록, 외모 지상주의 때문에 성형수술 건수가 점점 더 증가하면 할수록 GDP가 오르는 역설은 계속되고 있습니다. 2008년 금융위기로 전 세계가 요동을 치고 탄소 배출량이 갈수록 늘어나고 부의 불평등이 심화되어도, 국내총생산을 나타내는 GDP는 여전히 세계 경제를 지배하는 매우 강력한 숫자입니다. 이 같은 모순이 GDP 순위 6위인 프랑스의 우파 대통령마저 경제 발전의 측정 기준에 문제를 제기하며 '경제 성과와 사회 진보 측정을 위한 위원회'를 설립하게 만들었다고 저는 생각합니다.

거창한 경제 개념을 몰라도 우린 여러 경험을 통해 어떤 통찰이 옳고 그른지 판단할 수 있습니다. 1948년 정부가 출범한 이래 1970년대 오일 파동과 1998년 IMF 탁치 시절을 제외하고 우리나라의 GDP는 단 한 번도 내려간 적이 없습니다. 그럼에도 여전히 많은 이들이 경제적으로 어려움을 느끼고 있습니다. 또한 자신을 중산층이라 생각하는 사람의 수도 점점 줄고 있습니다. 이런 현실의 모순을 좀 더 명확히 이해하기 위해서라도 우리는 'GDP라는 숫자가 지닌 허상을 경계해야 한다.'는 경제학자의 말에 귀를 기울여야 합니다. 더 나아가 GDP의 정체에 대해 제대로 이해해야 합니다.

마이클 샌델의 책『정의란 무엇인가』에는 1968년 3월 18일 캔자스 대학에서 국민총생산(GNP, Gross National Product)◆에 관해 로버트 F. 케네디가 했던 명연설이 인용되어 있습니다. 마이클 샌델 스스로 "내가 봤던 사람 중에, 이 방면에서 가장 유망한 목소리를 낸 인물"이라 평가했을 정도로 케네디가 국민총생산의 정체에 대해 한 이야기는 감동적입니다.

우리나라 국민총생산은 한 해 8,000억 달러가 넘습니다. 하지만 국민총생산은 대기오염, 담배 광고, 고속도로에서 무수한 사망자를 치우는 구급차까지도 합산합니다. 우리 집 문을 잠그는 특수 자물쇠와 그것을 부수는 사람들을 가둘 교도소도 포함됩니다. 삼나무 숲이 파괴되고 자연의 경이로움이 무분별한 개발로 사라지

◆ 한 나라의 국적을 가진 모든 국민이 생산한 재화와 서비스의 시장가치를 합산한 것으로, GDP와 GNP는 생산 기준을 영토로 잡느냐 아니면 국적으로 잡느냐에 따라 달라진다. 예를 들어 미국에 있는 현대자동차 공장에서 생산한 것은 GDP로는 미국에, GNP로는 한국에 포함된다. 이러한 차이에도 불구하고 이전에는 이 두 용어를 혼용하는 경우가 많았다. GDP든 GNP든 주요한 경제 수치들이 얼마나 무용한가를 입증하는 데는 큰 차이가 없기에 GNP에 대해 언급하고 있는 케네디의 연설을 인용하였다.

는 것도 합산합니다. 네이팜탄도 합산하고, 핵탄두와 도시 폭동을 제압하기 위한 무장 경찰 차량도 합산합니다. (…) 아이들에게 장난감을 팔기 위해 폭력을 미화하는 텔레비전 프로그램도 합산됩니다.

반면 국민총생산은 우리 아이들의 건강, 교육의 질, 놀이의 즐거움은 계산하지 않습니다. 국민총생산에는 시가 지닌 아름다움, 결혼의 장점, 공개 토론에 참여하는 지성, 공무원의 청렴성은 포함되지 않습니다. 우리의 해학이나 용기도, 우리의 지혜나 학습도, 국가에 대한 우리의 헌신이나 열정도 측정하지 않습니다. 간단히 말해 그것은 삶을 가치 있게 만드는 것을 제외한 모든 것을 측정합니다. GNP는 우리가 미국인임을 자랑스러워하게 만드는 모든 것을 제외하고 미국에 관한 모든 것을 말해 줄 수 있습니다.

케네디는 이 연설을 한 지 채 3개월이 지나지 않은 1968년 6월 6일 괴한의 총격에 숨을 거두고 맙니다. 형 존 F. 케네디의 비극이 동생에게도 똑같이 재현되었던 겁니다. 1968년 대통령 선거 당시 유력한 민주당 후보였으며 실제로 예비선거에서도 5개 주에서 승리한 그는 삶을 가치 있게 만드는 것들을 경제 수치에 포함시키지 못한 채 42살의 짧은 생을 마감합니다. 역사를 되돌릴 수 있다면 그래서 로버트 F. 케네디가 죽지 않고 대통령이 되었다면, GDP의 정체는 그것을 최초로 개념화한 미국에서 폭로되었을지도 모릅니다. 그랬다면 GDP는 사라지고, 인간을 위한 새로운 경제 측정 기준이 생겨났을지도 모릅니다. 하지만 GDP는 여전히 현실에서 강력한 힘을 발휘하며 우리가 그리고 우리의 뒤를 이을 다음 세대가 풀어야 할 숙제로 남아 있습니다.

악마는 꼴찌부터 잡아먹는다

—

영국에서 태어나 공리주의의 대부가 된 제러미 벤담은 어릴 적부터 법률가였던 할아버지와 아버지로부터 엄격한 교육을 받으며 자랐습니다. 그는 3살 때 역사책을 읽었고, 5살에 그리스어와 라틴어를 깨우쳤으며 15살에 옥스퍼드 대학을 졸업하였습니다. 그로부터 한 세기 후, 인도 동부 벵골 지역의 한 부유한 가정에서 아마르티아 센이 태어났습니다. 9살 때 그는 학교 교정에서 굶주림으로 인해 비틀거리고 착란 상태에 빠져 신음하는 사람들을 목격합니다. 나중에 옥스퍼드 대학의 강단에 서게 되었을 때 센은 여전히 그 충격을 기억하고 있었습니다.

역사가 시대와 사람과 공간이 함께 어우러져 만들어지는 것이라면, 19세기에 벤담이 옥스퍼드 대학의 교정을 거닐며 공리주의에 대한 믿음을 세운 것과 20세기에 아마르티아 센이 옥스퍼드 대학에서 공리주의를 비판한 것 모두 지울 수 없는 역사의 한 페이지로 남을 것입니다.

사람과 사람의 관계보다는 개인이 상품을 사용함으로써 얻게 되는 주관적인 만족에 더 큰 관심을 두는 것이 바로 공리주의입니다. 하지만 사람과 사람의 관계를 더 중요시한 센은 공리주의를 '합리적 바보rational fools'라고 비판하며 경제의 영역에 철학과 윤리를 다시 호출함으로써 빈곤과 불평등 그리고 기회의 공정성에 대해 얘기합니다.

그동안 경제학에서 정의했던 빈곤은 '필요한 상품을 살 수 없을 정도로 부족한 소득 상태'를 의미했습니다. 그러나 센의 생각은 달랐습니다. 그는 "빈곤은 물적 자원이 부족한 상태가 아니다. 잠재 역량을 키울 수 있는 기회를 박탈당한 상태다."라고 말하며 자신의 능력을 키울 수 있는 최소한의 기회조차 갖지 못하는 상황을 빈곤으로 규정하였습니다. 빈곤은 지금 당장 필요한 것을 가질 수 없다는 데 있는 게 아니라, 가난을 더욱더 비극적으로 만드는 상황에 있다는 것입니다. 즉, 시간이 흘러도 대통령이 바뀌어도 여전히 학교에 갈 수 없고 어떠한 복지 혜택도 받을 수 없으며 일자리도 구할 수 없는 현실 그리고 이를 운명으로 받아들여야 하는 상태가 바로 진정한 의미의 빈곤이라는 것입니다.

그러나 이보다 더 무서운 것은, 빈곤은 필연적으로 불평등과 공정성 같은 사회문제와 연결될 수밖에 없다는 것입니다. "기근과 마찬가지로 전반적인 경제 위기 또한 '악마는 제일 뒤처진 꼴찌부터 잡아먹는다.'는 표현처럼 사회에서 가장 최하층에 속한 사람들부터 희생시키지요."라는 센의 말은 자본주의 사회의 잔인함을 그대로 드러내고 있습니다.

이에 대한 예로 센은 1999년 '싱가포르 아시아·태평양 강연'에서 한국을 언급합니다. "한국은 비교적 평등한 소득분배를 동반한 경제성장을 실현해 온 것으로 알려져 있었습니다. 하지만 이것이 IMF 사태와 같은 경제적 위기 상황에서 공정성을 보장해 주지는 못했습니다. 더욱이 위기가 엄습했을 때 한국은 사회적 안전망에 의한 적절한 보호 시스템도 없었고 돌발 사태에 신속히 대응할 수 있는 어떠한 보장 시스템도 존재하지 않았습니다."라며 석학으로서의 탁월한 시선을 보여 줍니다. 단적인 예로 자살률만 살펴봐도 이러한 센의 주장이 일리가 있다는 걸 알 수 있습니다. 경제 위기가 닥칠 때마다 사회적 안전망이 부실했던 우리나라에서는 자살률이 급격히 치솟았는데, 통계청의 발표에 따르면 2007년 글로벌 금융위기 때는 20%, 1997년 IMF 구제금융 당시엔 40%나 증가했습니다.

현실적인 경제 문제와 고통을 숨기는 주범 중 하나로 센은 GDP를 지목합니다. 왜냐하면 센이 생각하는 경제학은 한 국가가 연간 생산한 가치의 총액(GDP)을 측정하는 것이 아니라 빈곤에서 헤어 나오지 못하는 이들의 삶을 개선할 수 있는 대안을 만들어 내는 것이기 때문입니다. 그래서 센은 GDP 대신 빈곤층이 얼마나 가난한지, 그 안에서도 빈곤의 정도가 얼마나 다른지 보여 줄 수 있는 종합지표를 만들었습니다. 그 지표가 바로 빈곤과 불평등을 건조한 수식 모형으로 풀어낸 '센 지수Sen index'입니다. 센 지수는 0과 1사이의 값으로 계산되며, 그 값이 1에 가까워질수록 빈곤의 정도가 심하다는 것을 의미합니다.

불행히도 센 지수를 활용해 한국 사회를 분석한 자료는 거의 없습니다. 이러한 현실은 아직도 센 지수가 주류 경제학에서 외면받고 있다는 것을 뜻합니다. 그나마 유의미한 자료로 지난 2006년 한국보건사회연구원이 발표한 논문 「한국의 빈곤 동향과 정책 방향」이 있습니다. 이 논문은 센 지수를 활용해 우리 사회의 빈곤 문제를 다음과 같이 분석하고 있습니다.

> 1996년부터 2003년 사이의 센 지수 변화 추이는, 절대 빈곤과 상대 빈곤의 관점에서 경상 소득과 가처분소득을 기준으로 각각 산출한 결과 모두 동일하게 급격한 증가 양상을 나타내고 있다. 절대 빈곤의 관점에서 1996년 0.0107로 매우 낮았던 센 지수가 2003년에는 0.0467까지 크게 증가하였다. 또한, 상대 빈곤의 관점에서도 중위 소득의 40, 50, 60%를 기준으로 각각 1996년에 0.0197, 0.0353, 0.0567에서 2003년에는 0.0558, 0.0816, 0.1115로 2배 가까이 크게 높아진 것으로 나타났으며, 이러한 변화는 가처분소득 기준에서도 유사하게 나타났다.

'지수'라는 차가운 단어는 추상과 공허로 뒤덮인 채 현실과 동떨어져 있습니다. 이러한 함정으로부터 탈출하는 가장 빠른 길은 숫자가 현실을 제대로 반영하게 만드는 것입니다. 센은 빈곤 분석에 가장 많이 활용되는 지니계수◆를 기반으로 상대 빈곤을 수치화할 수 있게 수식을 재구성했습니다. 상대 빈곤의 문제를 수치화함으로써 GDP가 감추고 있던 계층 간 격차의 문제를 세상에 드러냈던 것입니다. 이렇게 센은 자본주의 사회에서

악마는 꼴찌부터 잡아먹는다

결코 사라질 수 없는 빈곤과 불평등이라는 현실의 옷을 숫자에 입혔습니다. 이 공적 때문인지 '빈곤 지수'라는 일반명사 대신 그의 이름을 딴 '센 지수'라는 용어가 더 널리 쓰이고 있습니다.

1998년 센은 아시아인으로는 최초로 노벨 경제학상을 수상합니다. "빈곤 문제에 국제적 관심이 모아지는 계기가 된 게 무엇보다 기쁘다."라는 짧은 소감을 언론에 밝힌 그는 이후로도 계속 인간애를 바탕으로 한 '가슴의 경제학'을 추구하며 경제학계의 마더 테레사로 불리고 있습니다. 주류 경제학자들이 시장 원리를 중심으로 빈곤 문제를 해결해야 한다고 주장할 때, 센은 시장 원리와 더불어 인간 중심의 사고방식을 통해 빈곤 문제를 바라봐야 한다고 주장했습니다. 그래서인지 그의 연구 영역은 정치, 경제, 철학, 젠더, 보건 등 학문 전반에 걸쳐 있을 정도로 광범위합니다. 평생을 대학에서 보내면서도 약자의 현실을 개선하기 위한 문제에 관심의 끈을 놓지 않은 그는 '경제학의 중심에는 자본이 아니라 사람이 있어야 한다.'는 '센코노믹

◆ 빈부 격차와 계층 간 소득의 불균형 정도를 나타내는 수치로, 소득이 얼마나 균등하게 분배되는지를 알려 주는 지수다. 0부터 1까지의 수치로 표현되는데, 값이 '0(완전평등)'에 가까울수록 평등하고 '1(완전불평등)'에 근접할수록 불평등하다는 것을 나타낸다.

스_{Senconomics}'의 시선을 지금껏 유지하고 있습니다.

때로는 경제학에 빈곤과 불평등, 삶의 질과 행복, 자유와 민주주의, 인간의 주체적 행위까지 반영한 센의 논리가 너무 이상적인 것은 아닐까 하는 의구심이 들기도 합니다. 그러나 지난 200년 동안 경제학은 문제가 복잡할수록 기본으로 돌아가 스스로를 성찰했습니다.

인간에게 경제학이 필요한 이유는 무엇일까요? 부자가 되려는 것 또한 행복한 삶을 위한 것이라는 데 동의한다면, 결국 경제학은 인간의 행복 추구를 위해 존재한다고 말할 수 있을 것입니다. 우리 모두가 경제학의 이 기본 원리에 공감한다면 센코노믹스를 더 이상 경제학의 변방에 두어서는 안 됩니다. 왜냐하면 센코노믹스를 경제학의 중심에 둔다는 것 자체가 하고 싶은 일을 할 수 있는 최소한의 기회를 확보하는 것을 의미하며, 경제가 해야 할 본연의 임무 중 하나인 자유의 확대를 의미하기 때문입니다.

우자와 히로후미
宇澤弘文, 1928~2014

경제학에 인간의 마음을 담다

한 줄의 문장이 가지는 힘은 우리가 생각하는 것보다 세다.

"(경제는) 부가 아니다. 삶이다There is no wealth, but life."라는 영국의 비평가 존 러스킨이 남긴 이 한마디는 수학을 공부하던 우자와 히로후미의 전공을 경제학으로 바꾸었고 결국 그를 일본 최고의 경제학자로 우뚝 서게 만들었다. 히로후미는 이 경구의 의미를 '부를 구하는 것도 도道를 찾기 위함이다.'라 해석하고 경제학을 배우는 기본자세로 삼았다.

현대 일본 지식인 중 누구보다 천황제에 비판적이었던 우자와 히로후미는 1983년 문화 공로자로 뽑혀 천황이 사는 궁으로 초대받았다. 마지못해 참석한 그는 심기가 편치 않았는지, 수상 소감을 말하는 자리에서 마땅한 인사말을 하지 못한 채 자신의 생각에만 몰두하는 모습을 보이기도 했다. 하지만 결국 그는 경제학자답게(!) 신고전파 경제학이 어떤지, 케인스John Maynard Keynes의 사고방식이 이상하다든지, '사회적 공통 자본'이 무엇인지 등에 대해 열변을 토했다. 그 순간 천황은 히로후미의 말을 자르며 이렇게 말했다.

> "이보게! 자네는 경제, 경제 하지만 실은 인간의 마음이 중요하다고
>   말하고 싶네."

평소 경제학의 이론 체계에 인간의 마음을 도입하는 문제로 학계의 눈치를 살피며 고민하고 있던 그는 천황의 말에 충격을 받았다. 당시 주류 경제학에서 인간의 마음이나 생각 등은 전혀 고려되지 않고 있었다. 오직 경제 자체의 독자적인 메커니즘에 근거해 경제를 움직이는 법칙을 찾고 이론화하려 했을 뿐이었다. 이러한 분위기에서 경제학에 인간의 마음을 고려하자고 주장하는 것은 당시 주류 경제학의 기본 사상을 부정하는 것이었고, 스스로 학계의 이단아가 되는 것이었다. 하지만 히로후미는 달랐다. 천황의 이 말 한마디에 자극

을 받은 그는 평소 깊이 고민해 오던 인간의 마음과 경제학과의 상관관계에 대해 연구를 시작했다.

그로부터 20여 년간, 히로후미는 '사회적 공통 자본'이라는 개념을 중심으로 '인간의 마음을 소중히 여기는 경제학' 연구에 매진하였다. 그가 말하는 사회적 공통 자본이란 "한 나라 또는 특정 지역에 사는 모든 사람들이 풍요로운 경제생활을 영위하고, 우수한 문화를 전개하며, 인간적으로 매력 있는 사회를 지속적이고 안정적으로 유지할 수 있게 해 주는 사회적 장치"이다. 결국 사회적 공통 자본은 특정 지역 혹은 국가의 자연, 역사, 문화, 사회, 경제, 기술적 발전, 환경 등에 의존하며, 필연적으로 그것을 제도화하기 위한 정치적 과정을 거칠 수밖에 없다.◆ 이러한 사상적 귀결은 히로후미를 『유한계급론The Theory of the Leisure Class』의 저자 소스타인 베블런Thorstein Bunde Veblen의 뒤를 이은 제도학파◆◆ 경제학의 세계적인 석학으로 만들었다.

그가 제도학파의 중요 인물이 될 수 있었던 것은 사회적 공통 자본에 인간의 마음을 담고자 했기 때문이다. 그가 특히 눈여겨본 것은 교육과 의료 분야였다. 지식은 학교가 아니라 학교 밖의 생활 속에서 배우는 것이라 확신한 그는 교육 분야에 시장 원리를 도입하는 것 자체가 차별과 경제적 양극화를 부르는 시초라 주장했다. 또한 의료는 돈 버는 산업이 아니라 몸이 아파 정상적인 삶을 살지 못하는 사람을 치료하는, 인간의 존엄을 위한 실천이라고 생각했다. 이런 철학을 바탕으로 히로후미는 삶의 근간이 되는 영역을 포함하고 있는 사회적 공통 자본이 시장 원리나 관료적 기준에 의해 관리되어서는 안 된다고 주장했던 것이다.

또한 히로후미는 간결한 정리와 아름다운 증명 과정에서 수학의 매력을 느끼고 이를 경제학 이론에 접목시키기도 했다. 현대 경제학의 기초가 되는 균형성장 이론과 수리경제학은 시카고 대학교 교수 시절 히로후미가 얻은 수학적 통찰 덕분에 경제 이론으로서 논리적 타당성을 획득할 수 있었다. 이 같은 공로로 그는 그 누구보다 자주 노벨 경제학상 후보로 거론되었지만 결국 수상하지는 못했다. 노벨상

◆ 사회적 공통 자본을 각 분야별로 살펴보면, 자연환경에는 물, 산림, 하천, 해양 등이, 사회적 자본에는 도로, 상하수도, 전력, 가스, 교통 등이, 제도적 자본에는 교육, 의료, 금융, 사법, 행정 등이 포함된다.

◆◆ 경제 현상을 역사적으로 발전·진화하는 사회제도의 일환으로 파악하려 한 경제학파. 고전학파의 전제인 '호모 에코노미쿠스'라는 개념을 버리고, 경제학 연구는 인간의 성향과 습관의 심리학을 바탕으로 해야 한다고 주장했다. 제도학파가 말하는 '제도'는 넓은 의미를 지니는데, 사회적 승인을 받은 관습적 사고와 행동 양식 또는 가족, 주식회사, 노동조합, 국가 등 그 자체의 활동 준칙을 가지는 사회제도까지 포함한다.

은커녕 오히려 현대 경제학의 중심이었던 시카고 대학을 떠나야만 했다. 히로후미가 경제학 연구에 제공했던 수학적 논리가 동료 교수들에 의해 현실을 왜곡하는 도구로 쓰였기 때문이다. 그가 시카고를 떠나야 했던 시기는 프리드먼으로 대표되는 신자유주의학파가 시카고 대학교 경제학과의 주류로 부상하던 무렵이었는데, 이들이 만들어 낸 경제학에는 사람의 체취라곤 없었다. 이들과 달리 경제학에 사람의 마음을 담고자 했던 히로후미는 결국 노벨 경제학상의 메카인 시카고 대학을 뒤로한 채 일본으로 돌아갈 수밖에 없었다.

이후에도 우자와 히로후미는 '경제학은 사람을 중심에 두어야 한다.'는 자신의 학문적 꿈을 결코 포기하지 않았고, 오직 차가운 숫자하고만 함께해 왔던 경제학의 여정에 따뜻한 피를 가진 사람을 동행시키기 위해 평생 힘을 쏟았다.

5

경제학이 일자리를
만들 수 있을까?

일자리 경쟁에서 패배한 사람들
—

제 친구 중에 1년째 구직 활동을 하고 있는 녀석이 있습니다. 그 친구는 마음이 아픈 날이면 헌책방에 간다고 합니다. 적은 비용으로 긴 시간을 보낼 수 있고 충만감 또한 느낄 수 있다는 게 헌책방을 찾는 이유라 했습니다. 그는 그곳에서 보고 싶은 책을 찾아 읽고, 꼭 갖고 싶은 책을 발견하면 사 오기도 합니다. 녀석은 자신이 소장하고 있는 책 몇 권을 팔면 또 다른 헌책 몇 권을 사고도 커피 한 잔 값이 남는다며 쓴웃음을 지었습니다. '세상의 모든 소설을 다 읽겠다.'는 꿈을 가진 그 친구는 아마 오늘도 새로운 일자리를 찾지 못한 채 헌책방에서 긴 시간을 보내고 있을지도 모릅니다.

그 친구의 지난 시절을 되돌아봅니다. 중소기업에서 7년, 대기업에서 15년, 총 22년 동안 한 우물만 파 온 그는 말도 안 되는 이유로 권고사직을 당했습니다. 퇴직한 직장 동료가 제대로 처리하지 못한 프로젝트를 떠밀리다시피 해서 받았는데 그 일을 깔끔하게 마무리 짓지 못했다는 이유로 권고사직을 당했던 것입니다. 아무도 인계받지 않으려던 그 일을 회사를 위한답시고 덜컥 맡은 게 그의 인생을 바꿔 놓았습니다. 그렇게 그는 직장 생활의 황금기라 불리는 임원 진급을 눈앞에 두고, 기운이 펄펄 남아도는 나이에 직장을 잃고 말았습니다. 사실 사직 당시만 해도 그는 자신감이 넘쳤습니다. 20년 넘게 쌓아 온 인맥과 전문성이 있으니 다른 직장을 구하는 일이 그리 어렵진 않을 거라 믿었던 것입니다. 하지만 1년이 지난 지금까지도 그 친구는 일자리를 구하지 못하고 있습니다.

취업하기가 이처럼 힘든 시절이 이전에는 없었던 것 같습니다. 경력이 없는 청년들은 말할 것도 없고 경력이 차고 넘치는 중장년층의 취업도 하늘의 별 따기입니다. 많든 적든 경제는 매년 성장하고, 주식도 오르고, 아파트 가격까지 치솟는데, 왜

악마는 꼴찌부터 잡아먹는다

일자리만은 갈수록 구하기가 힘든 걸까요? 어쩌다 '고용 없는 성장'이 우리 시대의 피할 수 없는 현실이 되었을까요?

기업의 목표는 수익 창출입니다. 이윤을 얻기 위해 기업은 투자를 해야만 합니다. 20세기까지만 하더라도 기업의 주요 투자 대상은 사람이었습니다. 하지만 21세기 들어서부터는 투자의 대상이 바뀌기 시작했습니다. 신자유주의가 도입된 후 기업들은 업무량이 늘어나도, 그만두는 직원이 생겨도, 신입이든 경력이든 사람을 채용하는 일에 인색해졌습니다. 해마다 정해진 시기에 신입 사원을 뽑고, 일하던 직원이 그만두면 그 자리를 메꾸기 위해 바로 사람을 고용하던 시대는 과거가 된 것입니다. 그 대신 느리고 무거운 컴퓨터를 빠르고 가벼운 노트북으로 바꿔 주는 일에는 결코 주저하지 않습니다. 새 노트북을 사는 데는 어떠한 내부 승인도 필요 없으며 업그레이드도 회사가 알아서 해 줍니다. 책 한 권보다 가벼워진 노트북은 핸드폰과 짝을 이룬 채 24시간 직장인들을 따라다니며 업무의 능률을 극대화(!)하고 있습니다.

2022년 2월 한국은행이 발표한 「성장과 고용 간 관계, 기업 자료를 이용한 분석」에 따르면 "2000년대 들어 전 세계적으로 성장과 고용 간 관계가 약화됨에 따라 고용 없는 성장에 대한 우려가 커지고 있는 가운데 우리나라에서도 동 관계가 약화되고 있다."고 합니다. 즉, 21세기 들어 기업의 성장은 일자리를 만들어 내는 데 큰 역할을 못하고 있다는 뜻입니다. 한국은행은 이에 대한 근거로 "2014년부터 2019년 사이 기업 매출 증가율과 고용 증가율 간 관계(이하 고용민감도)를 보면, 기업 매출 증가율 1%p 상승(하락)에 고용 증가율은 0.29%p 상승(하락)하는 가운데 동 수치는 최근 들어 둔화되는 모습이다."라는 분석자료를 공개하였습니다. 더 큰 문제는 고용이 점점 줄어드는 추세라는 것입니다. 기업 매출이 1%p 올라갈 때의 고용 증가율을 기간별로 들여다보면 2014년~2106년은 0.31%p, 2017년~2019년은 0.27%p에 불과해 시간이 지날수록 고용률이 감소하고 있다는 걸 알 수 있습니다.

또 다른 예를 하나 살펴보겠습니다. 우리 경제를 견인하고 있는 대표적인 산업은 전기·전자입니다. 그런데 이 전기·전자 업계를 들여다보면 상위 10%의 기업이 전체 매출의 90% 이상을 차지하고 있을 정도로 편중이 심합니다. 그렇다면 매출의 90% 이상을 차지하고 있는 이 기업들이 고용하고 있는 노동자는 전체 전기·전자 업계의 몇 %나 될까요? 놀랍게도 20%밖에

악마는 꼴찌부터 잡아먹는다

안 됩니다. 전기·전자 분야 업계 1위인 삼성전자의 연간 매출은 270조 원이 넘지만, 고용 인원은 불과 11만 명 안팎입니다. 2위인 LG전자의 매출은 연간 70조 원을 상회하지만 고용 인원은 약 3만 4천 명 정도이며, 3위인 SK하이닉스의 매출은 연간 42조 원 규모지만, 직원 수는 대략 3만 명 정도밖에 되지 않습니다.

2021년 10월 통계청이 발표한 자료에 의하면 우리나라의 임금 근로자는 모두 2,099만 2,000명입니다(이 중 비정규직이 차지하는 비중은 38.4%입니다). 이 수치에 앞서 언급한 3개 기업의 고용 인원을 대입해 보면 약 0.83%에 불과합니다. 이 3개 기업의 매출은 2021년 우리나라 GDP(2,071조 6,580억 원)의 약 19%를 차지하고 있습니다. 우리나라의 모든 산업을 포괄하는 GDP의 19%를 단지 삼성전자, LG전자, SK하이닉스 3개 회사(삼성 그룹, LG 그룹, SK 그룹이 아닙니다)가 만들어 내고 있는 것입니다. 이 3개 회사를 폄하해서도 과대평가를 해서도 안 되겠지만, 그럼에도 이 숫자만은 꼭 기억하길 바랍니다. 19% 대 0.83%. 대한민국 GDP의 19%를 담당하는 3개 회사의 고용률이 전체 임금 노동자의 0.83%에 불과하다는 사실을 말입니다.

무미건조한 숫자와 통계 얘기는 여기서 그만하는 게 좋겠습니다. 중요한 것은 나와 이웃이 아침에 눈을 뜨면 찾아갈 일자리가 있는지, 일을 통해 삶의 충만감을 얼마나 느끼고 있는지일 것입니다. 자본 즉 기업은 고용 없는 성장이 가능하다는 것을 잘 알고 있습니다. 또한 그들은 고용 없는 성장을 통해서만 최대 이윤의 확보가 가능하다는 걸, 그렇게 해야만 치열한 경쟁에서 승리할 수 있다는 걸 현장의 경험을 통해 깨닫고 있습니다. 일자리가 늘어나지 않아도 경제는 발전하고 새로운 상품과 서비스 또한 지속적으로 공급되는 시대. 이 혹독한 시기를 살아가고 있는 우리는 앞으로 무엇을 해야 할까요?

경제학자들에게 속지 않는 법

—

이 문제에 대해 경제학자의 얘기를 한번 들어 볼까요? 이번에 소환할 경제학자는 조앤 로빈슨Joan Robinson 입니다. 영국 케임브리지 대학의 교수였던 그녀는 노벨 경제학상을 수상하지 못한 20세기 가장 유명한 경제학자 중 한 명입니다. 많은 경제학자들이 노벨상 역사상 가장 큰 실수는 조앤 로빈슨에게 노벨 경제학상을 수여하지 않은 것이라고 지적할 정도였습니다. 현재도 주류이고 20세기에도 주류였던 시장만능주의(신고전학파) 경제학자들이 가장 두려워했던 그녀는 자본주의 사회에서 노동자들이 겪고 있는 상황을 이 한마디로 표현하였습니다.

> 자본주의에서 착취받는 노동자의 고통은 끔찍하다. 그러나 착취받지 못하는 고통은 더 끔찍하다.

이렇게 당연한(!) 얘기를 조앤 로빈슨은 경제학자답게 '수요독점monopsony'이라는 어려운 단어로 개념화하였습니다. 영국의 신고전학파 경제학자 알프레드 마셜의 정통 경제 이론을 비판하며 1933년 『불완전경쟁의 경제학The Economics of Imperfect Competition』을 발표한 그녀는 이 책에서 처음으로 수요독점이라는 개념을 도입하였습니다. 수요독점을 글자 그대로 해석하면 '구매자가 오직 하나뿐인 시장 상황'이라는 뜻입니다. 구매자 즉 수요자가 한 명인 경우에는 경쟁이라는 것이 존재하지 않으므로, 수요자가 여럿인 완전경쟁 시장보다 재화, 서비스 혹은 노동력의 가격이 현저히 낮아질 수 있다는 점을 지적한 것이죠. 예를 들어 시장에서 어떤 상품을 원하는 이가 오직 한 명뿐이라면 그 가격은 구매자의 마음에 따라 얼마든지 낮아질 수 있다는 것입니다.

하지만 현실에서는 이런 극단적인 상황이 흔치 않습니다. 그럼에도 불구하고 조앤 로빈슨이 이 개념을 들고 나온 이유는, 전 세계를 휩쓸고 있는 자유주의(시장만능주의, 신고전학파) 경제학의 전제 중 하나인 '시장에서 구매자와 판매자는 동등한 입장에 있다.'라는 가설이 틀렸다는 걸 증명하기 위해서였습니다. 어떻게 생각하십니까? 구매자인 여러분과 판매자인 기업이 동등한 입장이라고 생각하십니까? 이 가설이 성립하기 위해서는 구매자가 판매자의 상품을 살 수 있는 돈을 충분히(!) 가지고 있어야 합니다. 여러분은 갖고 싶은 물건들을 얼마든지 살 수 있을 만큼 충분한 돈을 갖고 있습니까? 이 질문에 선뜻 대답할 수 없다면 구매자와 판매자가 동등하다는 가설 또한 받아들이기 어려울 것입니다.

조앤 로빈슨은 이 수요독점이라는 개념을 취업 시장 즉, 노동시장의 현실을 설명하는 데에도 적용했습니다. 그녀는 자본주의의 호황기였던 20세기에 활동한 경제학자였습니다. 당시엔 실업률이 지금처럼 높지 않고 비정규직이라는 개념도 없었습니다. 그럼에도 불구하고 그녀는 노동시장이 노동자에게 불리한 구조라는 걸 잘 알고 있었습니다. 그녀가 간파한 것을 21세기 용어로 바꿔 보면 바로 '질 좋은 일자리' 문제입니다.

악마는 꼴찌부터 잡아먹는다

현실적으로 노동시장에는 노동자가 선호하는 좋은 일자리가 많지 않습니다. 통계에 나타나는 실업률이 아무리 낮더라도 인간다운 삶을 보장하는 일자리가 넉넉하지 않다면 노동자는 양질의 일자리를 제공하는 기업에 언제나 종속적일 수밖에 없는 것이죠. 결국 노동력에 대한 수요를 독점하게 된 기업은 노동력을 공급하려는 이들끼리 경쟁시켜 기업에게 가장 유리한 형태로 고용합니다. 자본주의 사회에서 상품의 판매와 노동력에 대한 수요, 이 둘을 독점할 권리는 기업 즉 자본만이 누리는 특권인 것입니다.

스스로를 케인스주의◆의 유일한 적자嫡子라고 불렀던 그녀는 자신의 책『고용이론 논집Essays on the Theory of Employment』에서 장기적으로 노동이 완전고용되는 상황은 불가능할 것이라고 주장했습니다. 즉, 시장만 믿고 가만히 기다리면 경제가 저절로 좋아져서 실업자들이 새로운 일자리를 얻게 될 것이라는 자유

◆ 20세기 영국의 경제학자 존 메이너드 케인스의 사상에 기초한 경제학 이론. 케인스는 자신의 저서 『고용, 이자 및 화폐의 일반이론』에서 완전고용을 실현하고 유지하기 위해서는 고전파 경제학에서 주장하는 자유방임주의가 아닌 소비와 투자, 즉 유효수요를 확보하기 위한 정부의 보완책(공공지출)이 필요하다고 주장했다.

주의 경제학자들의 주장은 허구라는 것입니다. 그들의 말과 달리 시장은 '자기 조정 능력'을 가지고 있지 않으며 결코 완벽하지도 않기 때문입니다. 시장 스스로 균형을 잡아 언젠가는(!) 일자리도 생기고 경제도 활성화될 것이라는 시장만능주의 경제학자들의 주장에 대해 그녀는 스승 케인스를 인용해 이렇게 얘기하였습니다.

> 케인스의 '일반이론'은 정태적 이론의 유리 집을 산산이 깨부수고 실업의 원인이라는 진정한 문제를 논의하였다.

이론과 논리로만 경제를 바라보는 것은 작은 충격에도 산산조각이 나는 유리 집에 불과한 것입니다. 현실의 문제 즉 사람들의 실제적인 고민을 해결하기 위해서는 정태적 이론이 아니라 역사 속에서 답을 찾아야 한다는 것이 바로 그녀의 주장입니다. 스승이었던 케인스는 주류 경제학 이론에는 존재하지 않는 실업 문제에 대해 눈을 감지 않았고, 그의 제자였던 조앤 로빈슨은 "빼앗기며 일을 하는 것보다 더 고통스러운 것은 아침에 눈을 뜨면 아무 데도 갈 곳이 없는 것이다."라며 실업자의 고통에 깊이 공감했습니다.

빈곤의 원인을 규명하고 해결 방법을 찾기 위해 경제 공부를 시작했던 조앤 로빈슨은 경제학 연구의 목적에 대해 "경제에 대한 질문에 일련의 준비된 답변을 마련하는 것이 아니라 경제학자들에 속지 않는 법을 배우는 것이다."라며 촌철살인과도 같은 답을 했습니다.

요즘 취업 준비생들이 "해고라도 당할 수 있었으면 좋겠다."라고 말하는 걸 종종 보게 됩니다. 어쩌면 이 말은 로빈슨이 그랬던 것처럼, 주류 경제학의 '시장만능주의' 이데올로기를 향해 보내는 강력한 저항의 메시지일 수도 있습니다.

어딘가에 첫발을 내딛거나 새로운 세계의 문을 두드릴 때 가장 중요한 것은 진정성과 절실함, 정확한 현실 인식과 공감할 수 있는 해법입니다. 척박한 현실을 딛고 절실한 마음으로 잘못된 경제 이데올로기를 논박할 수 있을 때, 우리는 스스로 삶의 방향을 정하고 해야 할 일을 찾을 수 있을 것입니다. 자본을 중심으로, 자본에게 유리하게끔 발달해 온 현대 자본주의 사회에서 나의 노동력(일을 할 수 있는 능력으로 노동과는 다른 의미를 지닌다)◆을 기업 즉 자본에 판매한다는 것은 그 자체로 결코 평등하지도, 평등해질 수도 없는 일입니다. 이러한 현실을 정확히 이해하는 것부터 시작해야 우리는 일자리 문제를 풀 가장 빠른 길을 찾아낼 수 있을 것입니다.

경제학 이론도, 경제체제도 결국엔 변화한다

—

어느 누구도 사람의 마음을 두 눈으로 볼 수 없기에 그에 대한 해석과 논쟁은 항상 치열합니다. 지하경제를 담당하고 있는 마피아 조직에서도, 지상의 경제를 책임지는 재벌 세계에서도, 큰 형님과 회장님의 선문禪門에 어느 누구도 선답禪答을 할 수 없기에 그들의 마음을 정확히 읽어야 하는 아랫사람들 사이의 경쟁은 격렬해질 수밖에 없는 것입니다. 땅 위든 땅 아래든 일자리를

◆ 노동과 노동력을 구분하는 것은 경제학에서 중요하다. 구체적인 예를 들어보면 노동은 '컴퓨터 혹은 기계를 사용하는 행위'이며, 노동력은 '컴퓨터 혹은 기계를 사용할 줄 아는 능력'이다. 즉 자본은 노동자로부터 노동력을 사서 그들에게 노동을 시키는 것이다. 이 둘을 구분할 줄 안다는 것은 내가 받는 임금의 원천이 무엇인지 인지하고 있다는 뜻이다. 즉, 노동자가 받는 임금은 '노동력'의 대가이지 '노동'의 대가는 아닌 것이다. 바로 이 지점에서부터 자본과 노동자의 시선이 달라진다. 노동자가 노동력을 기업에 판매하면 기업은 노동력을 사용할 권리를 가지게 된다. 이를 바탕으로 기업은 노동 강도를 강화하거나 노동 시간을 연장시키면서 더 많은 이윤을 얻으려 하고, 반대로 노동자는 시간 외 근무 수당과 같이 노동 시간 연장에 따른 보상을 요구한다. 어쨌든 기업은 경영이라는 이름으로 자신이 구매한 노동력을 가장 효율적으로 활용할 방안을 쉼 없이 찾는다.

악마는 꼴찌부터 잡아먹는다

가지고 있는 사람들도 이러한데, 직장을 찾아야 하는 이들은 무슨 수로 그들의 마음을 읽어 낼 수 있을까요? 어쩌면 구직자 입장에서는 토익 성적을 올리는 것보다 나를 채용할 수 있는 힘과 능력을 가지고 있는 회사가 진정으로 원하는 것이 무엇인지를 아는 게 더 중요할지도 모릅니다. 그렇다면 여기서는 지하경제의 형님 대신 대다수의 취업 준비생들이 목표로 하고 있는 대기업의 대표, '회장님'의 생각과 마음을 읽어 보도록 하겠습니다.

삼성가의 일원으로 유통업계 재벌인 신세계 그룹은 2014년 대학생들을 상대로 인문학 강연을 했습니다. 그 강연에서 정용진 신세계 그룹 부회장은 '내려갈 때 보았네. 올라갈 때 보지 못한 그 꽃'이라는 고은의 시 「그 꽃」의 일부를 인용하며, 신세계 그룹이 찾고 있는 인재상은 인문학적 소양과 통찰력을 갖춘 사람임을 강조했습니다. 그리고는 다시 장석주 시인의 「대추 한 알」을 인용하며 "대추의 색깔이나 맛은 누구나 알 수 있지만, 대추가 익는 과정에서 어떤 고뇌와 외로움이 있었는지를 읽어야 한다."고 조언하였습니다. 문학작품은 그것을 감상하는 독자에게 하나의 정답만을 강요하지 않습니다. '아! 이런 생각도 있구나.', '그렇게 볼 수도 있구나.' 이렇게 다양한 시선과 공감을 사람의 마음에서 끄집어내는 것이 문학의 힘이겠죠. 아마도 이런 이유 때문에 정 부회장이 강연에서 문학과 시를 인용했을 거라고 생각됩니다.

이 강연에서 제 눈길을 끌었던 것은 "매번 채용 면접 때 보면 지원자들이 자신의 주관적 소신을 말하지 않고 모범 답안을 외우고 와서 한결같이 똑같은 대답만 한다."라는 정 부회장의 지적이었습니다. 여러분도 이 지적에 수긍이 가시는지요? 정 부회장이 하고 싶었던 말은 '천편일률적인 생각과 틀에 박힌 대답은 더 이상 기업에게 특히 재벌에게는 의미가 없다.'는 거였을 겁니다.

현대 자본주의는 역동적입니다. 변하지 않고 하나만 고집하는 기업은 언젠가는 시장에서 퇴출됩니다. 이 역동적인 시대에 가장 필요한 것은 새로운 것을 창조하는 능력과 그것을 추동하는 혁신입니다. 정 부회장은, 신세계라는 재벌 그룹이 원하는 것은 창조적이고 혁신적인 사고를 할 수 있는 인재이며 그것의 바탕을 이루는 것은 인문학이라는 걸 강조했던 것입니다. 애플의 스티브 잡스가 회사 정문에 걸어 두었다는 팻말이 기억납니다. '인문학을 모르는 자, 애플에 들어올 수 없다!' 어쩌면 신세계 그룹도 이 같은 팻말을 회사 정문에 걸어 두고 싶을지도 모릅니다.

역동적인 자본주의 경제, 창조와 혁신 그리고 그에 따른 기업가의 역할에 대해 처음으로 말한 경제학자가 있습니다. 바로 오스트리아 출신의 조지프 슘페터Joseph Alois Schumpeter입니다. 1912년, 29살의 청년 슘페터는 『경제 발전의 이론Theorie der wirtschaftlichen Entwicklung』이라는 책을 통해 '자본주의 경제는 움직이지 않고 가만히 있는 정태적인 사회가 아니라, 끝없는 혁신을 발판으로 창조적 파괴를 통해 발전하는 체제'라고 주장하였습니다. 경제 발전을 이끌고 변화의 동인을 제공하는 사람이 바로 기업가Entrepreneur이며, 창조적 파괴를 통해 사회를 발전시키는 기업가의 혁신에 대한 대가가 바로 초과이윤이라는 것입니다.

　　이쯤 되면 현대 기업이 바라는 인재상의 윤곽이 그려집니다. 21세기 대한민국의 재벌 기업이 왜 대학에서 인기 없는 전공인 인문학에 대해 말하는지도 알 수 있습니다. 거미줄처럼 빈틈없이 짜인 거대 조직의 경직성은 기업의 최대 목적인 이윤을 가져다주지 않기 때문입니다. 어쩌면 재벌이 원하는 구직자는 다양한 시각으로 트렌드를 읽을 줄 아는 인문학적 소양과 탁월한 외국어 실력을 갖추고 거기에 경영학까지 전공한 '슈퍼 인재'가 아닌가 하는 암울한 생각까지 듭니다. 쉽지 않은 일입니다. 기업이 어떤 사람에게 일자리를 주는지 그 이유를 경제학자의 치밀한 이론에서 배워야 한다는 사실이 현실을 더 서글프게 하는 것 같습니다.

하지만, 20세기 위대한 경제학자였던 조지프 슘페터가 단지 혁신을 선도한 대가로 기업가가 막대한 이윤을 가져가도 된다는 논리만을 제공한 것은 아닙니다. 비록 일자리를 구하는 것에는 도움이 되지 않겠지만 여기서 저는 슘페터의 경제사상에 대해 사족을 하나 달까 합니다. 슘페터가 '창조적 파괴'의 담지자로서 기업가 정신을 말할 수 있었던 것은 기존 경제학자들과 달리 경제도 변화·발전하는 것으로 인식하고 동태적으로 분석했기 때문이었습니다.

슘페터 이전의 경제학자들은 인간이 사는 사회를 한자리에 가만히 세워 놓은 채 경제를 설명했습니다. 효용의 극대화나 완전경쟁에 기초한 시장을 전제하고 여기서 이루어지는 수요와 공급 이론만을 기반으로 경제를 설명했습니다. 슘페터는 이렇게 정태적 분석을 바탕으로 한 고정된 경제사상에 반기를 들었던 것입니다. 놀랍게도 슘페터는 '자본주의의 역동성'이란 개념을 가능하게 한 '동태적 분석'의 이론적 아이디어를 칼 마르크스에게서 얻었다고 고백합니다. 『경제 발전의 이론』 일본어판 서문에서 그는 마르크스에 대해 이렇게 언급합니다.

악마는 꼴찌부터 잡아먹는다

나의 이러한 생각과 목적은 마르크스 경제 교리의 바닥에 깔린 것들과 똑같다.

슘페터는 마르크스의 이론과 추론 그리고 결론에 대해서는 대부분 인정하지 않았지만, 세상은 변화·발전하는 것이고 경제 체제도 여기서 예외일 수 없다는 역사관만은 적극적으로 수용했습니다. 또한 마르크스의 이론들이 "많은 진실을 내포하고 있는 매우 값진 작업가설"이라며 찬사를 아끼지 않았습니다. 『경제 발전의 이론』을 발간한 지 정확히 30년 후인 1942년, 슘페터는 『자본주의 사회주의 민주주의Capitalism, Socialism and Democracy』라는 또 다른 역저를 발표합니다. 이 책을 통해 그는 자본주의의 안락사와 사회주의의 자연스러운 등장을 예언했습니다.

『자본주의 사회주의 민주주의』의 1부를 '예언자 마르크스', '사회학자 마르크스', '경제학자 마르크스', '역사의 의미를 가르치는 마르크스'로 구성한 슘페터는 자본주의 내부에 존재하는 사회주의로의 점진적 이행 요소들이 정치적 혁명을 대신해 경제적 혁명을 견인한다고 주장합니다. 즉, 슘페터는 사회주의 사상가들이 주장했던 혁명론을 대신해 자본주의에서 사회주의로의 점진적 진화를 주장한 것입니다. 슘페터는 마르크스가 19세기의 자본주의를 대상으로 이론을 펼쳤기 때문에 그의 전망과 의지가 실패했다고 지적하였습니다. 이에 비해 20세기 자본주의는 통제가 불가능할 정도로 급격히 발전하는 까닭에 결국에는 서서히 소멸할 것이라고 슘페터는 예측합니다.

이후, 1970년대 오일쇼크로 촉발된 스태그플레이션stagfla-tion, 1987년 '검은 일요일'이라 불리는 뉴욕 증시 대폭락 사건, 2001년 인터넷 분야가 급성장하면서 경제 전반에 거품이 끼었던 닷컴 버블 사태, 2008년 미국의 부동산 거품이 꺼지며 발생한 서브프라임 모기지 위기 등이 지구촌을 덮쳤을 때 많은 경제학자들은 슘페터의 예측을 인용하면서 세계경제와 자본주의의 멸망을 우려하기도 했습니다.

과연 슘페터의 주장대로 자본주의가 고도화되면 결국에는 점진적으로 사회주의로 이행할까요? 자본주의의 미래는 어느 누구도 정확히 예측할 수 없습니다. 하지만 여기서 우리가 기억해야 할 것은 마르크스를 바라보는 슘페터의 시선이 어느 누구보다도 탁월하고 남달랐다는 것입니다. 레닌이나 마오쩌둥처럼 마르크스를 일방적으로 추종하거나 아니면 하이에크와 프리드먼처럼 마르크스를 악의 대명사로 표현하는 대신, 슘페터는 이 두 세력 사이 어딘가에 마르크스를 위치시키며 이 사회를 역동적으로 내달리는 거대한 진보와 진화의 열차로 보았던 것입니다.

세상은 변화·발전한다는 생각과 지금의 경제체제도 유구한 인류 역사 속의 한 과정이며 단지 인간이 만들어 놓은 하나의 제도에 불과하다는 인식은 우리에게 또 다른 희망을 줍니다. 모든 게 변화해 나간다면 우리의 경제적 조건도 언젠가는 바뀔수 있지 않을까 하고 말입니다. 비록 지금 우리는 '기업이 직원을 채용할 때 가장 중요하게 보는 것은 무엇일까?'를 고민하고 있지만, 언젠가는 반대로 '일자리를 선택할 때 가장 중요하게 봐야 하는 것은 무엇일까?'라는 질문을 던지게 될지도 모릅니다. 왜냐하면 부의 창출을 위해서는 반드시 인간의 노동이 필요하며 그렇게 쌓인 부 또한 인간에 의해 소비될 수밖에 없기 때문입니다. 자본의 논리가 아닌 인간을 중심으로 돌아가는 세상, 어쩌면 이것이야말로 역사적 소명에 충실하고자 했던 경제학자들이 바라던 미래가 아닐까 합니다.

시장이 제대로 작동하지 않는다면?

—

특정한 목표를 향해 시간과 노력을 투자할 때 가장 경계해야 할 것 중의 하나는 바로 그릇된 환상을 품는 일입니다. 주식 투자를 예로 들어 볼까요? 주식 시장에서 무턱대고 아무 주식이나 사는 사람도 없겠지만, 내가 산 주식은 반드시 오를 것이라는 오도된 믿음과 환상을 조금이라도 갖고 있지 않은 투자자 또한 없을 것입니다. 하지만, 현실은 종종 이러한 환상을 깨는 촉매제 역할을 합니다. 희한하게도 개인 투자자들이 가장 많이 하는 푸념 중에 하나가 "내가 주식을 사면 내리고, 팔면 꼭 오른다." 입니다. 실제로 캘리포니아 주립대－버클리의 터랜스 오딘 교수는 '사면 내리고 팔면 오르는' 현상이 주식 투자자들 사이에서 일반적인 것임을 실증하기도 했습니다.

경제와 관련해 이러한 환상을 가장 자주 볼 수 있는 분야 중 하나는 일자리와 실업 문제입니다. 18세기에 만들어진, 실업에 관한 주류 자유주의 경제학자들의 신념은 21세기인 지금까지도 바뀌지 않았습니다. 1776년 『국부론』이 출간된 이래, 기독교의 예정조화설◆을 바탕으로 한 자유방임주의 경제학은 불황과 실업을 일시적이고 예외적인 현상으로 보았습니다. 따라서 특별한 조치를 취하지 않아도 불황과 실업은 시장의 탁월한 균형 메커니즘에 의해 저절로 해결된다고 굳게 믿었습니다. 즉, 경제가 어려우면 상품 가격과 임금이 내려가 다시 상품을 사려고 하는 수요와 고용을 증대시킬 것이니 결국 불황과 실업은 자연스럽게 해소된다는 논리였습니다. 이들 경제학자들이야말로 시장의 자기 조절 능력에 대한 그릇된 환상을 가지고 있었던 것입니다.

그러나 1929년 10월에 발발해 10여 년 동안 전 세계를 공포에 몰아넣었던 대공황은 '수요 공급의 법칙에 의해 저절로 움직이는 시장'에 대한 환상을 철저히 파괴했습니다. 시퍼런 현실이 잘못된 이론을 무너뜨린 것이었죠. 경제 이론과 현실 간의 어마어마한 괴리는 새로운 패러다임을 통해 세상을 바라보는 경제학자를 요구했고, 이 시대적 요구에 응답한 이가 바로 영국의 존 메이너드 케인스였습니다.

◆ 세계는 각각 독립된 존재 단위인 단자單子로 이루어지며, 독립된 단자가 서로 일치하여 세계의 질서를 이루고 있는 것은 미리 신에 의해 전체의 조화가 정해져 있기 때문이라는 학설. 라이프니츠가 주장하였다.

케인스는 특정한 사안을 따로 떼어서 보지 않았습니다. 특히, 실업과 일자리에 대한 그의 기본적인 생각은 이 문제를 노동시장에 가두어 놓고 고민할 것이 아니라 금융시장이나 상품시장 등 관련 있는 영역들과 함께 연관 지어 고민하고 그에 따른 해결책을 모색해야 한다는 것이었습니다. 케인스는 사회의 많은 영역이 서로 얽혀 있는 경제적 사안을 다룰 때 산 위에서 도시 전체의 풍경을 내려다보는 것과 같은 거시적 관점을 고수하였습니다. 어떤 문제 하나만 따로 떼어 놓고 고민하는 미시적 관점이 아니라 관련이 있는 다른 여러 사항을 함께 고려하며 거시적으로 바라봐야 한다는 지극히 당연한 그의 주장은 "실업은 경제의 여타 분야에서 균형 상태가 유지되는 것과 공존하는 것"이라는 말로 요약될 수 있을 것입니다. 이런 관점에서 보면 일자리와 실업 문제는 기업의 고유 영역이라 주장하기 어렵습니다. 오히려 정부를 향해 일자리 문제를 해결하라며 깃발을 들고 행진하는 이들의 주장이 더 타당할 수도 있습니다.

케인스에 따르면, 정부는 고용 증가를 불러올 수요를 만들어 내기 위해 소득과 그 소득에서 지출되는 소비와의 차액만큼 새로운 투자를 해서 일자리를 창출해야 할 의무가 있습니다. 이를 좀 더 쉽게 설명하면 다음과 같습니다. 한 달에 100만 원을

악마는 꼴찌부터 잡아먹는다

버는 사람이 있습니다. 이 사람은 번 돈을 모두 쓰지 않고 미래를 위해 매달 20만 원을 저축합니다. 즉 소득은 100인데 소비는 80만 하는 것입니다. 이렇게 되면 둘 사이의 차액 즉 저축액 20만 원은 어떤 경제적 효과도 발생시키지 않습니다. 이 차액에 해당하는 20만 원만큼 정부가 세금으로 마련한 재정을 사회에 투자해서 경제가 마이너스 성장이 되지 않도록 관리해야 한다는 뜻입니다. 이를 경제학에선 "소득에서 지출되는 소비와의 차액을 정부가 신투자한다."고 표현합니다. 이것이 바로 케인스의 사상 중 핵심인 '유효수요'◆ 이론입니다. 저축액 20만 원만큼 수요가 계속 줄어드니 그 빈 자리를 정부가 메꿔서 실질적인 구매력을 가진 수요를 계속 창출해 내야 한다는 것입니다. 즉 케인스는 이기심에 기초한 시장의 불완전성을 보완하기 위해 정부의 역할을 강조한 것입니다.

케인스도 시장이 자기 조절 능력을 가지고 있다는 것을 부정하지는 않습니다. 하지만 그는 "장기적이란 현 상태를 오도하는 말이다. 장기적으로 우리는 모두 죽는다. 폭풍우 치는 날 경

◆ 상품을 구매하려는 욕구뿐만이 아니라 실제로 살 수 있는 돈까지 갖고 있는 수요.

제학자가 할 수 있는 말이 결국 폭풍은 지나갈 것이고 바다는 다시 잠잠해질 것이라는 얘기뿐이라면, 경제학자는 너무나 쉽고 쓸모없는 일만 하고 있는 것이다."라며 자유방임주의 경제학자에게 일침을 날렸습니다. 장기적으로 시장이 스스로를 조절해 다시 균형을 찾아낸다 해도, 얼마나 걸릴지 알 수 없는 그 기간 동안 사람들은 고통받을 수밖에 없습니다. 즉 미래의 확실하지 않은 이익을 위해 현재의 이익을 희생하는 것은 옳지 않다는 게 바로 케인스의 생각인 것입니다.

경제학이라는 학문은 인간이 겪는 경제적 문제를 해결하기 위해 존재하는 것입니다. 인간은 아무것도 먹지 못하면 한 달도 버티지 못합니다. 그런 존재에게 장기적으로 시장이 스스로 해결할 것이라는 이론은 아무 쓸모도 없다고 케인스는 말하고 있는 것입니다. 더 나아가 그는 특히 경제 영역에 관한 한 인간의 예측 능력은 빈약하기 그지없으며 결과에 대한 지배력은 거의 '0'에 가깝다는 것을 기억해야 한다고 말합니다. 아무리 장밋빛 전망이라도 불확실한 예측만 믿고 수많은 사람들을 희생시키는 일을 저질러서는 안 된다는 게 바로 케인스의 세계관이며 경제에 관한 철학인 것입니다.

고전파 경제학자들의 핵심 개념인 "공급은 스스로 수요를 창출한다."라는 세이의 법칙Say's law에 반기를 들며 경제학계에 등장한 케인스는 수요의 중요성을 강조하며 이를 위해 정부가 시장에 적극적으로 개입해야 한다고 주장했습니다. 그의 강의가 케임브리지 대학에서 가장 인기 있었던 이유 또한 현실의 문제를 자주 언급했기 때문입니다. 재미있는 일화로, 케임브리지 대학에 재직할 당시 케인스는 주식을 통해 떼돈을 벌어 진짜(?) 경제학자다운 면모를 세상에 보여 주기도 했습니다.

현실 인식에 대해 케인스가 보여 준 새로운 시선은 『평화의 경제적 결과The Economic Consequences of the Peace』에서 절정에 다다릅니다. 이 책은 케인스가 1차 세계대전 직후 열린 '베르사유 조약'의 협상 과정에 참석한 후 조약이 내포하고 있는 문제점들에 대해 지적한 내용들을 담고 있습니다. 이 책의 마지막 장인 '치유'에서 그는 베르사유 조약의 결과를 두고 "시급한 문제에서 벗어나서 크게 보고, 크게 느끼고, 크게 돌볼 줄 아는 능력이 일시적으로 사라졌다."고 한탄하였습니다. 그러면서 독일에 대한 과도한 경제적 배상 요구는 또다시 유럽을 위기로 몰고 갈 것이라고 예측했습니다. 얼마 후 그의 예측은 2차 세계대전으로 현실화되었습니다. 케인스 개인의 한탄과 걱정은 인류 전체의 비극을 막기에 역부족이었던 것입니다.

2차 세계대전 종전 후 케인스는 '기축통화'를 두고 벌인 미국과의 협상에서 처절하게 패하기도 했습니다. 그로 인한 상심을 샴페인을 마시며 풀었던 케인스는 불과 2년 후 1946년 4월 21일 세상을 떠났고 그렇게 좋아하던 샴페인도 더 이상 즐길 수 없게 되었습니다.

변화에서 가장 힘든 것은 새로운 길을 생각해 내는 것이 아니라, 이전에 가지고 있던 틀에서 벗어나는 것이다.

케인스가 자주 했던 말입니다. 그의 경제학 이론이 맞는지 혹은 틀린지에 대한 논쟁과 관계없이 그는 역사상 어느 경제학자보다 더 현실에 발을 디디고 있었고, 이를 스스로 증명해 내는 삶을 살았습니다. 그는 더 이상 이 세상에 존재하지 않지만 21세기의 우리는 여전히 위기가 경제 공황이라는 이름으로 현실을 덮칠 때마다 그를 다시 소환하고 있습니다.

악마는 꼴찌부터 잡아먹는다

인간을 살릴 논리보다 인간을 살리는 게 먼저다

—

미국의 리처드 닉슨 대통령이 "우리는 모두 케인스주의자다."
라고 외쳤을 때 죽은 경제학자의 영향력은 최고조에 달하였습니
다. 그럴 수밖에 없는 것이 미국과 서유럽의 자본주의는 1950년
에서 1960년대 말까지 약 20여 년 동안 최고의 황금기를 영위
했기 때문입니다. 후에 '수정자본주의'라고 불리게 된 케인스
의 경제사상은 자본주의의 황금기 동안 서구의 모든 국가들이
채택한 경제정책의 기본 바탕이 되었으며, 실제로 이 시기 전
세계 공산품의 생산량은 4배 그리고 전 세계 교역량은 10배 이
상 증가했습니다. 이처럼 인류 역사상 유례를 찾기 힘든 경제성
장은 서구 자본주의의 번영에 따른 것이었습니다. 전 세계 생산
량의 4분의 3과 공산품 수출액의 80%를 미국, 서유럽, 일본 등
선진 자본주의 국가들이 독차지했기 때문입니다.

　　그러나 세상에 영원한 것은 없는 것 같습니다. 2차 세계대
전 이후 맹위를 떨치던 케인스의 경제사상은 역설적으로 우리
는 모두 케인스주의자라 외쳤던 닉슨 대통령 이후 급격히 쇠퇴
했습니다. 어느 누구도 상상할 수 없었던 '스태그플레이션'이
라는 괴물이 지구촌에 등장했기 때문입니다. 경기가 나빠지고

실업률도 올라가는 침체기에 덩달아 물가까지 폭등하는 상황, 과연 누가 이런 미래를 예측할 수 있었을까요?

이 문제를 해결하기 위해 사람들은 다시 경제학자들을 소환하기 시작했습니다. 케인스의 왼쪽에서는 생산관계의 근본적인 문제와 독점 그리고 자본의 소유 문제를 거론하며 자본주의 체제의 근원을 파헤쳤고, 오른쪽에서는 케인스의 라이벌인 하이에크의 신자유주의 사상을 바탕으로 시장을 체급과 상관없이 무한 경쟁을 벌이는 링으로 만들어 기업과 자본을 지키고자 하였습니다. 결국 이 논쟁은 미국의 레이건 정부와 영국의 대처 정부가 하이에크의 손을 들어 줌으로써 정부를 신뢰하지 않는 신자유주의의 완승으로 끝나고 말았습니다.

그로부터 40년 후, 정부가 아니라 시장의 자유가 경제를 구할 수 있다는 신자유주의자들의 믿음은 2008년 금융위기를 거치며 또 다른 위기를 맞게 됩니다. 21세기의 새로운 경제 위기는 또다시 케인스와 하이에크 간의 격돌을 피할 수 없게 만들었습니다. 저는 여기서 이 세기의 논쟁에 대해 제 생각을 밝힐 의도가 전혀 없습니다. 단지 '경제라는 건 오늘로 끝나는 것이 아니라 내일도 이어지는 것이기에 무작정 참고 기다리면 언젠가 좋은 날이 올 것'이라는 헛된 믿음에 대해 준엄하게 꾸짖은 케인스의 혜안을 한번 더 되새길 뿐입니다.

1933년 대공황이 극에 달했던 해, 케인스는『번영을 위한 방법The Means to Prosperity』을 출간했습니다. 이 책에서 그는 불황을 이기기 위한 방법으로 정부의 적극적인 지출을 주장했습니다. 이 책은 당시 대통령이었던 루스벨트에게 전달되었고 이후 그가 뉴딜 정책◆을 펴는 데 중요한 정책적 기반이 되었습니다. 케인스는 당장의 위기를 극복하기 위한 정책들을 먼저 제안했고 이에 대한 이론적 근거는 3년 후『고용, 이자 및 화폐의 일반 이론The General Theory of Employment, Interest and Money』의 출간을 통해 제시했습니다. 빵 한 덩이를 얻기 위해 몇 시간씩 줄을 서는 사람들, 'Wanted Job and Family Man'이라 적힌 팻말을 목에 걸고 거리를 배회하는 실직자들을 케인스는 결코 외면하지 않았던 것입니다. 그 결과 경제학은 실업자에게 일자리를 제공해 주어야 한다는 생각과 그 역할을 정부가 해야 한다는 거대 담론 즉, 인간을 살릴 논리를 만드는 것보다 인간을 살리는 것이 먼저라

◆ 1933년 미국 대통령 루스벨트가 경제 대공황을 극복하기 위해 실시한 경제·사회 정책의 총칭. 정부가 시장 경제에 적극 개입하여 자유주의 경제를 수정하고자 했던 점에서 큰 의의를 지닌다.

는 케인스의 생각이 경제사상의 한편에 우뚝 서게 된 것입니다.

케인스가 사망한 바로 다음날, 1946년 4월 22일 『더 타임즈』는 그의 죽음 앞에 다음과 같은 헌사를 바쳤습니다.

케인스에 비견되는 영향력 있는 경제학자를 찾으려면 우리는 애덤 스미스로 거슬러 올라가야 한다. (…) 그리고, 마침내 케인스가 있다. 광채로 빛나고, 재기가 번득이며, 활기에 차 있고, 쾌활하며, 장난기가 넘치는…. 그는 공공선이라는 대의에 진정으로 헌신한 자비로운 사람이었다.

'한 인간의 위대함은 그 사람이 공공의 선에 얼마나 기여했느냐의 여부로 결정된다.'는 어느 철학자의 말이 새삼 떠오릅니다.

이젠 '보이는 손'이 필요하다

—

우리는 지금 이름조차 생소한 새로운 병을 앓고 있다. 하지만 앞으로 자주 듣게 될 이 병의 이름은 바로 '기술적 실업'이다. 이 병은 인간이 노동의 새로운 용도를 찾아내는 것보다 노동을 절약하는 방법을 더 빠른 속도로 찾아내고 있기 때문이다.

경제학자를 미래에 대한 예언자의 반열에 올려놓기를 원한다면, 우리는 1923년 케인스가 『화폐개혁론A Tract on Monetary Reform』에서 언급한 이 구절을 근거로 삼아야 할지도 모릅니다. 왜냐하면 위의 예언은 현재 우리가 처한 경제 상황에 족집게처럼 들어맞기 때문입니다. 지금으로부터 백여 년 전에 나온, 기술의 발달이 인간의 일자리를 뺏을 수 있다는 경고는 21세기를 살아가는 우리에게도 여전히 유효합니다.

기술의 발달이 지닌 가장 중요한 의미 중 하나는 단연코 '인간다운 삶'입니다. 여기서 말하는 인간다운 삶이란 과거에 대한 향수나 세상의 통념을 넘어, 지금껏 노동을 통해 이만큼 발달된 사회를 이룩한 것에 대한 감사와 보상을 의미합니다.

그러나 21세기에는 그 어느 시대보다도 기술이 지닌 의미가 잔인할 것 같습니다. '1990년부터 2007년 사이 산업용 로봇의 실용화가 확대되면서 미국에서만 67만 개의 제조업 일자리가 사라질 것'이라는 내용을 담은 매사추세츠 공대의 대런 애쓰모글루 교수와 보스턴 대학의 패스큐얼 레스트레포 교수의 보고서◆는 작금의 상황을 있는 그대로 보여 주고 있습니다.

　이뿐만이 아닙니다. 로봇과 AI로 인한 일자리 감소는 최고 연봉을 받는 두뇌들의 집합소인 미국의 월가Wall Street에까지도 영향을 미치고 있습니다. 월가에 위치한 대표적인 자산 운용사 블랙록은 사람이 하던 증권 컨설턴트 일을 AI와 알고리즘으로 대체하는 구조 조정을 단행하였습니다. 토네이도처럼 닥치는 대로 파괴하며 몰아치는 월가의 잔인한 구조 조정이야 그렇다 쳐도 AI와 알고리즘이 담당하는 펀드 규모가 블랙록에서만 300억 달러(약 34조 원)에 달한다니 그 규모에 놀라지 않을 수 없습니다.

　기술 발달이 불러오는 더 심각한 문제는 중간 단계에 해당하는 일자리가 감소하고, 관리자나 전문가 등이 속한 고숙련 일자리와 서비스업이나 육체노동 비중이 높은 저숙련 일자리만 늘어나는 현상 즉, '일자리 양극화'입니다. 일자리가 양극화된다는 것은 개인이 기술 습득이나 능력 개발을 통해 중산층으로 진입할 수 있는 기회가 축소된다는 의미입니다. 지난 20세기에

◆「로봇 탓에 일자리·임금 감소 실증」, 『ZDNET Korea』, 2017.3.29.

이루어진 고등교육은 중간관리직으로 가는 지름길을 제공했지만, 21세기의 고등교육은 더 이상 중산층의 삶을 보장해 주지 않습니다.

2017년 한국에서도 처음으로 대졸자 실업률이 고졸 학력자보다 높게 나왔습니다. 이것이 함의하는 바는 앞으로 우리 사회의 중산층은 사람이 아니라 로봇과 AI가 차지할 수도 있다는 것입니다. 미래엔 양극단인 천당과 지옥에만 사람이 살고 그 중간 지대인 이승에는 로봇만 즐비할지 모른다는 저의 이 기괴한 상상이 제발 빗나가기를 바랄 뿐입니다.

이런 쓸데없는 저의 기우에 대해 케인스라면 어떻게 대답할까요? 어쩌면 케인스는 자유주의 경제학자들이 한껏 왜곡시켜 놓은 '보이지 않는 손'이라는 애덤 스미스의 표현에 빗대어 지금이야말로 '보이는 손'이 필요하다고 말할지도 모릅니다.

> 만일 재무부가 빈 병들을 지폐로 채워 폐광 지역에 적당한 깊이로 묻고, 땅 표면까지 쓰레기로 메운 다음, 익숙한 자유방임 원칙에 따라 기업으로 하여금 그것들을 다시 파내도록 한다면 (…) 실업 문제는 사라질 것이다.

위에 인용한 내용은 『고용, 이자 및 화폐의 일반 이론』에서 케인스가 했던 말입니다. 이를 4차 혁명이 가속화되고 있는 지금의 상황에 맞게 변형해 보겠습니다.

만일 재무부가 로봇을 해체해서 공장에 적당히 펼쳐 놓고, 공장 주변을 쓰레기로 메운 다음, 익숙한 자유방임 원칙에 따라 기업으로 하여금 그 로봇들을 다시 조립하게 한다면 (…) 실업 문제는 사라질 것이다.

사람이 만든 상품은 사람이 살 수 있지만, 로봇이 만든 상품은 로봇이 살 수 없습니다. 이처럼 기술이 언제나 우리 모두를 행복하게 하지는 않습니다. 문제의 본질은 기술의 진보로 생기는 이익을 첨단 기술을 독점하고 있는 소수가 모두 가져간다는 것입니다. 이에 대한 해결 방안은 의외로 간단합니다. 기술의 발달로 얻은 이익을 기술의 발달로 일자리를 잃은 사람들에게 나눠 주면 됩니다. 기술의 발달로 얻게 된 재정을 정부가 유효수요를 일으키는 데 쓰면 되는 것입니다. 결국 지금 우리에게 필요한 것은 '보이지 않는 손'이 아니라 '보이는 손'입니다. 그리고 이 역할은 정직하고 믿을 수 있으며, 자본이 아닌 사람의 편에 서는 정부가 맡아야 합니다.

새로운 기술이 불러온 4차 산업혁명은 몇몇 소수의 사람들이 노력한 결과가 아니라 다수의 지성과 노동이 모여 이룩한 것입니다. 그러나 아이러니하게도 기술 발달의 결과가 부메랑으로 돌아와 평범한 사람들의 일자리를 위협하고 있는 상황입니다. 최초로 실업에 대해 깊은 통찰을 보여 준 케인스의 문제 제기에 귀를 기울여야 하는 까닭이 바로 여기에 있습니다. 지금부터라도 우리는 '보이지 않는 손'을 역설하는 정부가 아닌 '보이는 손'의 역할을 제대로 해낼 정부를 만들어야 합니다. 비록 자본주의 역사 200년 동안 정부는 줄곧 자본의 편이었다는 증거들이 수두룩하지만, 그럼에도 여전히 우리가 원하는 정부를 세울 힘은 로봇이 아니라 사람인 우리에게 있습니다.

경제학자의 초상

조앤 로빈슨Joan Robinson, 1903~1983 /
조지프 슘페터Joseph Alois Schumpeter, 1883~1950

일자리에 대한 고민을 거두지 않았던
경제학자들에게

로빈슨 그리고 슘페터 선생님!

저는 세계 10위권의 경제 강국인 대한민국에 살고 있습니다. 중국과 일본 사이에 위치한 작은 반도 국가이자 현대사의 비극으로 남북이 나뉘어져 한 민족 두 국가 체제를 70여 년째 유지하고 있는 이 땅이 바로 제 삶의 터전인 것이죠. 경제 발전의 필요조건 중 하나가 자본축적이라면, 한국은 단기간에 자본축적을 이뤄 낸 모범 국가라 할 수 있습니다. 어떤 사람들은 그 과정이 폭력적이고 정의롭지 못했다고 탄식하지만, 다른 한쪽에서는 전 세계에 유례가 없는 '한강의 기적'이라며 칭송하기도 합니다. 이러한 극단의 시각 속에서도 대한민국은 신자유주의 물결에 잘 순응(?)한 것처럼 보입니다. 코로나19 팬데믹 와중에도 2020년 OECD 국가 중 최고의 경제성장률을 이룩하며 GDP 순위 세계 10위에 올라섰기 때문입니다.

두 분 선생님께 드리는 편지의 인사말로는 적절치 않게 저의 조국 대한민국에 대한 이야기를 서두에 꺼낸 이유는 갈수록 힘들어지는 척박한 현실 때문입니다. 여기서 제가 언급하는 척박한 현실이란 바로 일자리 문제입니다. 경제 발전의 열매를 골고루 나누는 방식에는 여러 길들이 있겠지만, 안정적인 일자리를 통해 생계를 잇고 노동하는 과정에서 삶의 의미를 찾는 것 이상의 좋은 방안은 없을 거라 생각합니다. 이렇게 인간의 삶을 구성하는 기본 요소 중 하나가 노동할 권리라는 걸 인정한다면 '고용 없는 성장'에 대한 반성과 일자리 창출에 대한 고민은 이 시대가 풀어야 할 가장 절실한 과제라 할 수 있습니다.

더욱이 그것이 미래를 이끌어 갈 청년 세대의 생존과 직결되어 있다면 그 심각성은 한층 더 깊어집니다. 인생에서 마냥 푸르러야 할 시기가 암울한 잿빛으로 뒤덮여 있다면 과연 우리 사회가 맞이하게 될 미래는 어떤 모습일까 두렵기 그지없습니다. "청년들의 고용 위기가 장기화될 경우, 다가올 미래엔 숙련 노동력 부족에 따른 국가 경쟁력 훼손이 우려된다."는 전문가의 전망에 한 치의 의심도 없이 동의하지만, 저는 사실 국가 경쟁력 같은 큰 개념보다는 위기의 한가운데 놓인 개개인의 안타까운 사연에 더 귀가 기울여집니다.

> "저는 취업에 필요하다는 자격증만 9개를 가지고 있습니다. 하지만, 지방대 출신이라 서류 전형 통과도 쉽지 않네요."
> "저는 소위 말하는 명문대를 나왔지만 전공이 역사학이에요. 그냥 재야에 남아 가난한 선비 같이 사는 게 제게 주어진 운명 같아요."
> "전 그 누구보다 치열하게 노력하면서 살았다고 자부할 수 있어요. 그런데도 여전히 이런 극심한 경쟁이 두렵기만 해요. 이제 겨우 25살인데, 너무 지쳤어요."

이것이 바로 GDP 세계 10위 국가에서 삶을 영위하고 있는 청년들의 현실입니다. 이런 현실을 목도하며 저는 자본주의는 자신이 거둔 업적에 의해 사멸한다는 슘페터 선생님의 역설적인 예언과, 기업의 독점력이 영원히 지속되지는 않을 것이라는 로빈슨 선생님의 전망이 과연 우리 시대에 어떤 의미를 가질 수 있는지 다시 한번 생각하게 됩니다. 세상을 좀 더 살기 좋은 곳으로 만들기 위해선 소외된 자들이 서 있는 자리에서 세상을 바라봐야 하기에, 요즘이야말로 경제학을 현실의 기반 위에 올려놓고자 노력했던 두 분의 철학이 절실히 요구되는 시기가 아닐까 합니다.

하지만 슘페터 선생님이 강조하셨던, 혁신과 창조적 파괴를 통해 경제 발전을 이끌어야 하는 기업가들은 21세기에 접어들어 오직 사람의 노동력 대신 첨단 기술을 도입하는 것만이 혁신이라 주장하고 있습니다. 그들에겐 이윤 추구만을 위해 만들어진 시스템에 사람을 억지로 끼워 맞추는 것만이 유일한 창조적 파괴인 것입니다.

또한, 불완전경쟁에 대해 이야기했던 로빈슨 선생님의 예언은 현재도 유효해서 노동력에 대한 기업의 수요독점 현상 즉 노동력을 제공하는 이와 이를 구매하는 기업 사이의 불완전경쟁은 갈수록 심화되고 있습니다. '사람의 노동력에 대한 수요가 사라진 시대에 일자리에 대해 걱정하는 것은 과연 무슨 의미가 있을까?' 혹은 '더 이상 인간이 근무하지 않는 회사에 기업가 정신이란 게 존재할 수 있을까?' 이런 질문마저 할 수 없는 것이 4차 산업혁명 시대라 불리는 지금의 현실입니다.

슘페터 선생님께서는 죽음을 1년여 앞둔 1949년부터 1950년 초까지 무려 열두 편의 논문을 발표하셨습니다. "정복하려는 의지가 있고, 난관과 변화 그리고 모험에서 즐거움을 추구한다."라는 스스로의 믿음을 이런 식으로 증명하신 게 아닌가 생각됩니다. 한편, 로빈슨 선생님은 노동시장에 대해 관심을 갖는 것이 경제학자의 또 다른 의무 중 하나라는 것을 분명히 하셨습니다.

죽음을 눈앞에 둔 그 순간까지도 학문적 성취를 위해 소중한 시간을 기꺼이 바친 슘페터 선생님의 열정과, 실업자들이 겪는 비극을 경제학의 연구 분야로 자리매김한 로빈슨 선생님의 혜안은 지금도 여전히 유효합니다.

언젠가 슘페터 선생님께서는 로빈슨 선생님을 미국 경제학회 명예회원으로 추대하면서 이렇게 말씀하셨습니다. "나는 여권 신장 운동에 반대하는 이 나라에서 여성을 명예 회원으로 추천하면 반대 여론이 있으리라는 걸 잘 압니다. 그러나 로빈슨 여사는 1933년 『불완전경쟁의 경제학』을 출간하여 세계적인 명성을 얻었습니다. 그녀는 이 책을 통해 가장 많은 관심을 끄는 최신 분야의 선봉에 섰습니다." 2차 세계대전의 포화가 채 사라지기 전, 남성의 전유물이었던 경제학의 강단에 여성도 올라설 수 있게 하겠다는 선생님의 의지는 시대를 앞서간 용기였습니다.

저는 20세기 초에 슘페터 선생님이 지니셨던 진보적인 생각이 21세기를 살아가는 현대의 기업가들에게 이렇게 들리기를 희망합니다.

"인간의 삶에서 가장 절실한 것은 밥이다. 그러나 일할 곳이 없다는 것은 단지 밥을 얻을 기회하고만 관련된 문제가 아니다. 청력을 잃은 가수처럼, 시력을 잃은 화가처럼, 일할 곳이 없어 헤매는 이들은 삶을 송두리째 잃은 것과 같다. 그러므로 올바른 기업가 정신을 가진 기업가라면 인간을 중심으로 하는 창조적 파괴와 혁신을 시작해야 한다."

로빈슨 그리고 슘페터 선생님!

21세기를 살아가는 기업가들에게 혁신과 창조적 파괴를 이루기 위해 필요한 것은 '인간의 삶'을 통찰할 수 있는 능력이 아닐까요? 부디 언제고 이 질문에 대한 답을 선생님들이 남기신 경제학의 유산 속에서 찾을 수 있길 간절히 빌어 봅니다.

6

경제적 불평등은 정말
피할 수 없는 것일까?

'신자유주의'라는 미신의 기원

—

1997년 가을과 겨울의 틈 사이엔 영화 「접속」과 'IMF 외환위기'가 있었습니다. 「접속」은 로맨스도 PC 통신을 통해 가능하다는 것을 증명하며 기존 연애 관습에 균열을 일으켰고, 동남아시아에서 시작되어 결국 한반도까지 휩쓴 달러의 탈출은 '한강의 기적'을 무색하게 만들며 기존 체제에 균열을 일으켰습니다.

당시 달러의 대대적 탈출이 몰고 온 결과는 세계화라는 이름표를 단 '신자유주의' 세상의 도래였습니다. 사람들 사이엔 '정부는 악덕이고 시장은 미덕이다.'라는 신자유주의 이념이 무분별하게 확산되기 시작했고, 이 '새로운 자유'는 곧 '무한 경쟁 시대'라는 지옥문을 열어젖히고야 말았습니다.

그해 말 한국에서는 여당의 김영삼 정권에서 야당의 김대중 정권으로 권력이 평화적으로 교체되며 정치 영역에서도 커다란 변화가 일어났습니다. 하지만 역설적으로 이 변화를 추동한 또 다른 한 축(1997년 대선 당시 김대중과 후보 단일화를 이루며 연립내각을 구성했던 김종필 세력)은 여전히 한강의 기적을 추앙하고 있던 1961년 '5·16 군사 쿠데타' 세력이었습니다.

1997년 외환위기 전, 회사 내의 구성원들은 서로를 동료라고 생각했습니다. 그럴 만도 한 것이 옆자리에서 같이 일하는 입사 동기와 저는 모든 조건이 같았고, 서로의 월급이 얼마인지도 알았으며, 각자 맡은 업무 내용까지도 공유하고 있었기 때문입니다. 심지어 친한 동료가 실연의 아픔으로 일에 집중하지 못할 때는 기꺼이 그를 대신해 밀린 일들을 처리해 주기도 했습니다. 당시는 맡은 일만 열심히 하면 대리로, 과장으로 착착 승진할 수 있던 시절이었습니다. 쥐꼬리만 하다고 자조적으로 말하긴 했지만 한 단계 진급할 때마다 월급이 얼마나 오르는지 모두가 예측할 수 있었고, 그 쥐꼬리를 디딤돌 삼아 미래를 계획하고 꿈을 현실로 만들어 갈 수 있었던 시대였지요.

하지만 지금은 세상이 변했습니다. 새 시대는 공동체를 빼앗는 대신 부의 증식과 생산성 향상을 위한 경쟁만을 강요하고 있습니다. 오로지 은행 적금밖에 몰랐던 월급쟁이들이 고수익이라는 유혹에 빠져 주식이나 펀드 상품을 기웃거리고, 이름조차 알 수 없는 온갖 파생 금융 상품에 쌈짓돈을 내맡긴 채 언젠가는 대박이 나서 주머니가 두둑해질 거라는 환상을 품기 시작했습니다. 월급이라는 촌스러운 말 대신 인센티브, 커미션이라는 세련된 이름이 더 많이 쓰이고, 회사에 속한 개개인의 인격은 연봉의 숫자로 서열화되었습니다. 한때 유행했던 '부자 되세요!'라는 광고 카피가 보여 주듯 세상은 한껏 부풀려진 개개인의 욕망으로 뒤덮여 버렸습니다.

1977년 『세상에 공짜 점심 같은 것은 없다There's No Such Thing as a Free Lunch』를 발간한 경제학자 밀턴 프리드먼은 신자유주의 이념의 산파 역할을 자임하였습니다. '의사에 대한 국가 면허 제도는 필요 없다.'라고 주장한 그는 돌팔이 의사는 환자들의 외면으로 곧 시장에서 자연도태될 것이기 때문에, 정부의 개입이 필요 없는 완전한 자유시장만이 좋은 세상을 만드는 길이라며 목소리를 높였습니다. 하지만 그에겐 돌팔이 의사들의 자유를 보장하기 위해 환자가 자신의 건강과 하나뿐인 목숨을 희생할 수밖에 없는 상황을 통찰할 능력은 없었습니다. 이에 더해 그는 "마약은 합법화되어야 한다. 어떤 사람들이 스스로를 해치고 싶어 한다면 그들은 그들이 취할 수 있는 모든 방법을 선택할 권리가 있다. 마약의 해로운 점은 대부분 그것이 법으로 제한되어 있기 때문에 발생한다."라며 자유에 대한 무한한 추앙만을 강요했습니다.

그렇다면 과연 이 신자유주의라는 미신은 어디서 기원했을까요?

신자유주의의 대부라 불리는 프리드리히 하이에크의 철학은 1947년 스위스의 아름다운 도시 몽펠르랭에서 잉태되었습니다. 이후 그의 사상은 1960년대 밀턴 프리드먼의 '시카고학파'를 중심으로 이론화되었고, 프리드먼의 제자인 시카고의 아이들은 영국의 대처(그녀는 하이에크의 책 『노예의 길』을 손에 쥐고 총리직에 취임했습니다)와 미국의 레이건(그는 애덤 스미스의 얼굴이 새겨진 넥타이를 매고 취임 축하 파티를 열었습니다) 행정부를 통해 이를 현실에 적용했습니다. 그 결과 신자유주의자들은 마침내 미국의 황금기를 이끌었던 케인스주의와 사회주의의 종주국 소비에트 연방을 동시에 해체시키는 데까지 나아갔던 것입니다.

그것만으로 부족했을까요? 거침없이 질주하던 이 새로운

이데올로기는 마침내 1990년대 동아시아 금융위기를 계기로 전 세계를 지배하게 되었고, 그 후 무한 경쟁과 시장만능주의에 점령당한 세상엔 그 누구도 통제할 수 없는 자본의 자유만이 남게 되었습니다. 결국 이렇게 우리 모두는 굶어 죽을 자유까지 보장되는(!) 가장 극단적인 형태의 '신자유주의 시대'를 살아가게 된 것입니다.

막대한 부를 믿고 벌이는 재벌의 저급하고 무분별한 행위가 한 나라의 성장과 관계가 없듯, 아버지를 대통령으로 둔 덕에 자신 또한 대통령이 되었으나 탄핵된 채 감옥에 갇힌 이의 옥중 농성 역시 자유의 확대와는 거리가 멉니다. 이처럼 자유와 경쟁이 본래의 뜻을 회복하기 위해선 '정의'라는 내실을 갖추어야 합니다. 신자유주의가 정신없이 밀려 들어올 때 우리가 데이비드 하비가 말한 '좋은 자유'와 '나쁜 자유' 더 나아가 '인간의 자유'와 '자본의 자유'를 구별할 줄 알았다면 얼마나 좋았을까요? 이것이야말로 우리가 지난날을 반성하며 반드시 되돌아봐야 할 지점이 아닐까 합니다.

모든 악의 뿌리는 불평등에 있다

—

아르헨티나 출신의 제266대 교황 프란치스코는 인간의 존엄성과 빈곤에 대해 얘기하며 "모든 악의 뿌리는 불평등에 있다."고 말했습니다. 솔직히 불평등이 완전히 사라지면 세상의 모든 악이 뿌리째 뽑힐 거라고 확언할 수는 없습니다. 하지만 인류 역사에 사적 소유가 정착된 이후, 불평등이 '선'을 유발시키는 기능보다 '악'을 불러오는 역할을 더 많이 했다는 사실을 부정할 수도 없습니다.

교황의 말씀을 해석해 보면, 불평등이라는 뿌리에서 자라나는 악이라는 열매는 절대적 가난보다는 상대적 빈곤 속에서 더 빨리 자랄 수 있다는 뜻일 것입니다. 예컨대 다 같이 배가 고플 때 콩 한 쪽이라도 나눠 먹을 수 있는 사회는 그나마 유지될 수 있지만, 박 서방이 콩밥과 간장으로 겨우 하루 한 끼를 때울 때 길 건너 김 대감이 하얀 쌀밥에 고깃국을 하루 세 끼씩 먹는다면 '악'의 씨앗은 그 마을 도처에 뿌리내리며 자랄 것이라는 경고인 셈이지요.

투쟁과 혁명이라는 과격한 단어로 점철된 한국 현대사의

악마는 꼴찌부터 잡아먹는다

밑바닥을 자세히 들여다보면 악의 뿌리가 되었던 불평등을 곳곳에서 찾을 수 있습니다. 1960년 4·19 혁명은 미제 최루탄이 한쪽 눈에 박힌 채 바다에서 발견된 17살 청년의 죽음이 계기가 되었을지 모르나, 그 비극의 기저엔 1950년 한국전쟁 이후 미국의 원조로 겨우 영위하던 한국 경제의 불평등한 구조가 도사리고 있었습니다. 미국이 보낸 원조 물자의 분배권을 독점하고 있던 자유당 정권은 정치자금을 바치는 기업에게만 이를 배분했고, 시장가격보다 싼 값에 물자를 분배받은 미래의 재벌들은 이를 비싸게 팔아 막대한 이익을 취했습니다. 그 시대를 대표하던 삼백 산업(면방직, 제분, 제당)이 바로 이러한 원조 경제의 산물입니다. 그 결과 미국과 이승만 정권이 주도한 원조 경제는 미래에 재벌이 될 이들과 평범한 시민들 사이의 빈부 격차를 혁명의 씨앗으로 남겨 둘 수밖에 없었습니다. 이렇듯 이 땅의 민중들이 민주주의를 세우고자 벌였던 투쟁과 혁명은 '밤의 술수가 낮의 땀을 잠재우는' 참기 어려운 시대의 모순으로부터 잉태되었던 것입니다.

현실과 동떨어진 이론을 품은 경제학자가 자신의 학문적 성취를 삶의 현장에 뿌리내리기는 쉽지 않습니다. 무엇보다 현실과 이론의 변증법적 결합은 인간사의 그 혹독한 진통과 역경을 기반으로 할 때에만 사회과학으로서 본연의 임무를 다할 수 있는 것입니다. 이러한 의미에서 프란치스코 교황의 말씀은 이론적 성취에서는 경제학자들에게 미치지 못하지만, 현실을 그대로 반영하고 있기에 삶의 현장에 튼튼한 뿌리를 내릴 수 있는 것입니다. 이쯤에서 그의 복음을 더 들어볼까요?

"빈곤의 구조적 원인을 해결해야 한다."

"오늘날 노인이 길거리에서 얼어 죽는 것은 강자들이 약자들 위에 서는 경쟁의 법칙에 따른 결과이다."

"우리는 착취의 논리뿐만 아니라 부의 불평등 문제도 다뤄야 한다."

"우리가 이 문제를 풀길 원한다면 빈곤의 근본적 원인을 해결해야만 한다. 시장의 절대적 자율성이나 금융 투기 등을 포기하고, 불평등을 만드는 구조를 없애겠다는 결심을 먼저 해야 한다."

이렇듯 교황 프란치스코는 삶의 현장에 발을 딛고 선 채 따뜻한 가슴에서 솟아나는 복음을 사람들에게 설파하고 있습니다. 경제학을 오직 과학으로만 여기며 연구실에서 숫자와 그래프만 놓고 싸우는 경제학자라면 그 건조한 학문에 인간의 체취를 더하기 위해 이제부터라도 교황의 어록을 연구실 한편에 두

악마는 꼴찌부터 잡아먹는다

어야 할 것입니다. 경제학자들이 교황의 이런 견해를 곱지 않은 시선으로 바라보며 폄하하지 않기를 바랍니다. 더 나아가 교황의 말씀이 경제학자들의 연구 공간을 '서재'에서 '현장'으로 바꾸는 계기가 되길 바랍니다.

불평등은 결국 모두를 가난하게 만든다

—

2017년에 출간된 노암 촘스키의 책『불평등의 이유』에 실린 짧은 서문은 순식간에 우리를 우울한 공간에 가둬 버립니다. 그 글은 이렇게 끝을 맺습니다.

> 가난하게 태어나도 열심히 일하면 부자가 될 수 있다. 누구든지 어지간한 일자리를 구하고 집을 사고 아이들을 학교에 보낼 수 있다는 생각…, 이런 꿈이 모조리 무너졌다.

이로부터 54년 전인 1963년, 경제학자 로버트 L. 하일브로너Robert L. Heilbroner는『자본주의 어디로 와서 어디로 가는가The Making of Economic Society』라는 책에서 마크 트웨인의 소설에서 이름을 따온 '도금 시대Gilded Age'에 대해 다음과 같이 묘사하였습니다.

19세기 말 미국 자본주의의 발흥기 때, 부자들은 부의 냄새를 빨아들이는 즐거움을 만끽하기 위해 지폐로 담배를 말아 피고, 산책을 나갈 때면 다이아몬드가 박힌 개 목걸이를 건 개를 데리고 길을 나서기도 하였다.

미국의 사회학자 소스타인 베블런은 경멸의 의미로 이들에게 유한계급Leisure Class이라는 이름을 붙이기도 했습니다. 이 유한계급의 만용 탓일까요? 1929년 미국에 불어닥친 대공황은 너무나 참혹해서 지폐로 담배를 말아 피우는 기행과 다이아몬드 목걸이를 건 견공을 데리고 산책하는 기이한 광경은 더 이상 볼 수 없게 되었습니다.

무심한 관찰자에게는 잘 보이지 않았겠으나, 국내총생산이 거의 절반으로 줄어들어 버렸다. 그 결과 실업률이 하늘로 치솟았다.◆

◆ 로버트 L. 하일브로너, 『자본주의 어디로 와서 어디로 가는가』, 미지북스, 2016.

악마는 꼴찌부터 잡아먹는다

국내총생산이 절반으로 줄었다는 건 국민들의 수입이 반토막 났다는 의미입니다. 한마디로 모두 함께 망해 버린 것이죠. 하일브로너는 대공황의 원인을 이렇게 분석합니다.

> 생산성 증가에서 나온 이득을 저소득층에게 분배하지 못한 반면 잠재적으로 지출하지 않으려 드는 사람들의 소득이 크게 불어난 광경에 주목해야 한다. ✦

대공황을 이해하는 핵심적인 열쇠가 바로 여기 있습니다. 사회적으로 창출된 부가 돈이 필요한 사람에게 가지 않고 굳이 필요치 않은 계층으로 흘러들어 금고에 쌓이기만 한 결과 경제의 균형이 무너지고 대공황이 불어닥친 것입니다. 결국 불평등은 이렇게 사회 구성원 모두를 가난하게 만들어 버리고 말았습니다.

대공황이라는 흑역사는 '선대의 실패를 교훈으로 삼은 후대는 축배를 들 수 있지만, 그것으로부터 어떠한 교훈도 얻지 못한 후대의 잔은 독으로 채워질 수밖에 없다.'는 경고를 남겼습니다. 똑같은 실수를 되풀이하며 독이 가득한 잔을 마시고 싶

✦ 로버트 L. 하일브로너, 같은 책.

지 않다면 우리는 자본주의 200년 역사의 가장 큰 비극이었던 1929년 대공황의 극복 과정을 복기할 수 있어야 합니다. 『자본주의 어디로 와서 어디로 가는가』를 통해 다시 한번 하일브로너의 얘기를 들어 보도록 하죠.

그의 통찰에 의하면, 1929년 세계 대공황의 극복은 세 가지 축에 의해 가능하였습니다. 그 첫 번째 축은 역설적이게도 두 차례의 세계대전을 통해 축적된 기술의 진보였습니다.

> 자동차, 세탁기, 냉장고 등 대량으로 소비되는 온갖 내구재 상품들의 기술 발전을 가능케 한 것도 바로 군수 부문이었다. 이것이 서구 세계 전반과 특히 미국 경제의 성장에 깊고도 오래 지속되는 추동력을 제공했다.

두 번째 축은 '자본과 노동 간의 협약'입니다.

> 실로 놀랍게도 노동조합이 자본주의의 황금시대를 가져오는 데에 결정적인 역할을 했던 지점이다. (…) 그 결정적 역할은 생산성 향상에 적극 협력한다는 협정이었다. 생산성이 상승함에 따라 노동자들에게 돌아오는 보상도 올라가게 되었다. (…) 이제 노동자들

은 처음으로 경영진과 함께 생산성 향상이라는 목표를 공유하게
되었다.

놀랄 만한 일이 일어났습니다. 자본과 노동이 손을 맞잡고 같은 목표를 향해 노력하자 경제 질서가 바뀐 것입니다. 이 협약을 통해 경제적 활동의 과실은 더 이상 특정 계급에 의해 독식되지 않고 자본가와 노동자가 함께 공유하게 되었습니다.

세 번째 축은 정부의 역할에 관한 것입니다. 아래의 인용문이 적혀 있는 장의 제목을 우리는 눈여겨봐야 합니다. 그 장의 제목은 바로 '정부가 제자리를 찾다'입니다.

(케인스주의 경제학자들이 추구했던 것 중 하나는) 존슨 대통령의 위대한 사회 계획, 즉 빈곤 퇴치를 중심 목표로 하는 '부유한 사회' 비전이었다. 이 비전은 곧 '빈곤에 대한 전쟁(마을 개선, 주택 구입, 교육 등을 위해 가난한 이들에게 보조금을 주는 다양한 프로그램)'으로 변형되었다. 실제로 빈곤은 1960년대 말부터 1970년대에 걸쳐 감소하였지만, 1980년대 들어 이러한 프로그램들이 해체되자 다시 증가하고 말았다.

기술의 진보, 자본과 노동 간의 협약 그리고 정부의 역할. 이 모든 걸 가능하게 한 것은 위기를 극복하고야 말겠다는 인간의 의지와 실천이었습니다. 하지만 미국 자본주의의 황금기를 연, 경제학자 폴 크루그먼이 대공황 시대에 빗대 묘사한 '대압착 시대'◆도 결국 인간에 의해 그 운명을 다하게 되었습니다. 세계화와 자유주의의 공모로 태어난 신자유주의가 대압착 시대의 저격수로 나섰기 때문입니다. 결국 대처리즘과 레이거노믹스에 의해 추동된 신자유주의도 인간들이 만든 정치적 결과였던 것입니다.

세상에 변하지 않는 것은 없습니다. 영원할 것만 같았던 신자유주의도 2008년 세계 금융위기와 함께 점차 그 힘을 잃어가고 있습니다. 우린 지난 40년간 신자유주의를 경험하며 경쟁만이 세계를 성장시킬 수 있다는 환상을 갖게 되었습니다. 하지만 전 세계적으로 경제적 불평등과 자산 격차가 심화되자 그 환상은 '신 유한계급'만을 위한 것이었다는 사실이 차츰 드러나고

◆ 1930년대부터 1950년대까지 미국에서 증세 등 강력한 조세 정책으로 부유층과 저소득층 사이의 소득 격차 및 근로자 간 임금 격차가 급격히 좁아졌던 시대를 일컫는다.

악마는 꼴찌부터 잡아먹는다

있습니다. 물론 인류는 신자유주의 시대의 과오를 잊고 미래에도 똑같은 실수를 되풀이할 수 있습니다. 역사의 교훈을 어떻게 받아들이고 실천하느냐에 따라 가까운 미래에 축배를 들 수도 독배를 마실 수도 있는 것입니다.

그럼에도 우리는 '가난하게 태어나도 열심히 일하면 부자가 될 수 있던 시기'가 불과 50년 전에 있었다는 사실을 잊지 말아야 합니다. 기술의 진보, 자본과 노동 간의 협약 그리고 국가의 역할. 자본주의의 황금기를 이끌어 낸 이 세 가지 축은 결국 정치와 경제의 몫입니다. 하지만 정치와 경제 그리고 평등한 세상을 만드는 일 모두 인간의 영역 안에 있는 것입니다. 우리 모두가 역사를 기억하고 진실을 좇는다면 '불평등은 어쩔 수 없다.'라는 체념이 '불평등도 그 격차는 줄일 수 있다.'라는 신념으로 바뀔 수 있을 것이라 저는 믿습니다.

밀턴 프리드먼
Milton Friedman, 1912~2006

가난이 스스로 선택한 결과라고?

우자와 히로후미의 책 『경제학이 사람을 행복하게 할 수 있을까?Beyond the Economic Inequality』에는 신자유주의 사상의 정신적 지주이자 한때 시카고 대학에서 동료로 지냈던 밀턴 프리드먼에 대한 회상이 실려 있다. 불필요한 오해를 피하기 위해 원본을 그대로 인용한다.

2006년이었던가, 프리드먼이 죽었다는 소식을 듣고 나와 아내는 엉겁결에 이구동성으로 '다행이다.'라고 말했다. 50년 가까이 알고 지내던 사람이 죽었는데 다행이라니, 너무 심했다는 생각이 들었다. 그래서 아내와 나는 프리드먼과의 추억을 30분 정도 이야기하며 그를 추모했는데, 이야기 끝에 결국 '아무튼 다행이야.'라고 또 말해 버렸다.(웃음)

모름지기 어느 문화권에서도 고인에 대한 비하와 조롱은 예의가 아니다. 더군다나 프리드먼과 50년 지기였던 히로후미 부부는 왜 고인이 된 그를 이토록 희화화하며 야유를 보냈던 것일까?

1976년 10월 14일 스웨덴 왕립 한림원은 시카고 대학의 밀턴 프리드먼 교수를 노벨 경제학상 수상자로 발표했다. 수상 이유는 소비 분석과 통화사 및 통화론 분야에 대한 연구 업적으로 경제학의 수준을 한 단계 끌어올렸다는 것이었다. 이 같은 결정에 전 세계 경제학자 어느 누구도 문제 제기를 하지 않았다. 유대계 헝가리 이민자 출신으로 20세기 아메리칸드림의 상징이며 시카고학파의 거두인 그의 수상에 과연 누가 이의를 제기할 수 있었겠는가? 그러나 그로부터 두 달 뒤, 프리드먼이 노벨상 수상 연설을 위해 단상에 오르는 순간 객석에서 한 청년이 뛰쳐나오며 이렇게 외쳤다.

"자유 칠레 만세! 프리드먼은 돌아가라!"

당시 칠레는 중남미에서 가장 강력한 독재정치를 자행하며 수많은 국민들의 피를 총검에 묻히고 있었다. 아이러니하게도 자유가 사라진 이 나라에서 펼쳐진 경제정책은 신자유주의 사상이었고, 폭압적인 피노체트 정권에 의해 국민들은 '자유시장'◆이라는 낙원을 강요받았다. 이 역사적 모순이 한 청년의 외침에 의해 스웨덴 스톡홀름에서 터져 버린 것이었다. 오직 '피노체트 정권만을 위한 자유'를 설계했던 이들은 프리드먼으로부터 가르침을 받은 칠레인 제자들이었다(이들에겐 '시카고 아이들Chicago Boys'이라는 별명이 붙여졌다).

그로부터 4년 후, 전투적 신자유주의의 전도사인 프리드먼의 경제사상은 1970년대 말 케인스식 경제정책이 스태그플레이션을 감당하지 못하고 퇴조할 무렵 전 세계 자본주의를 움직이는 거대한 권력에 의해 소환되었다. 그 권력은 바로 작은 정부와 자유방임 자본주의라는 이데올로기로 무장한 영국의 대처와 미국의 레이건 정부였다.

다시 프리드먼의 50년 지기 우자와 히로후미의 증언을 들어 보자. 2009년 2월 13일 『한겨레』의 「대전환의 시대」라는 대담에서 히로

◆ 시장 활동에 대한 국가의 조정 기능이 배제된, 즉 개인의 경제활동의 자유가 최대한으로 보장된 시장을 일컫는다.

후미는 밀턴 프리드먼 사상의 단면을 이렇게 얘기한다.

밀턴 프리드먼의 사상을 정확히 알기 위해선 그가 흑인 문제를 어떻게 바라보는지를 살펴보면 된다. 미국의 흑인 문제는 곧 빈곤 문제다. 흑인들은 불황이 닥쳤을 때 가장 먼저 해고당할 운명에 놓여 있다. 한때 프리드먼이 어떤 강연 석상에서 이런 이야기를 한 적이 있다. 누구에게나 10대 때 공부하느냐 노느냐의 선택이 주어지는데, 흑인들 가운데는 합리적 선택에 따라 노는 것을 선택한 사람이 많다고. 가난은 스스로 선택한 결과이니 어쩔 수 없다는 게 그 강연의 메시지였다. 그러자 흑인 학생 한 명이 일어나 프리드먼에게 이렇게 말하더라. "내가 부모를 선택할 자유가 있었느냐? 나에게는 공부할 기회가 없었다."라고. 그럼에도 프리드먼은 각자 운명은 스스로 선택하는 것이라는 주장을 끝내 굽히지 않았다.

공정과 능력주의에 대한 논쟁으로 세상이 시끄럽다. 더불어 20세기의 막바지에 시작된 프리드먼의 이데올로기는 21세기인 지금도 계속 세상을 지배하고 있다.

7

부자만이 아닌

모두의 자유를 위한

경제학

'자유'의 확대를 위하여

—

처음 만난 이로부터 집요한 질문 공세를 받는 일은 그다지 유쾌
한 경험이 아닙니다. 꿈을 위해서든 생계를 위해서든 나에 대해
잘 알지도 못하는 이한테 '평가'를 받아야 한다는 건 무척이나
곤혹스럽고 긴장되는 일이죠. 특히 합격과 불합격의 경계에 서
있는 구직자에게 '면접'이라는 과정은 자유를 상실한 채 세상에
서 격리되어 나 혼자 있는 것 같은 느낌을 주기도 합니다. 자유
와 대립을 이루는 격리라는 단어처럼 면접장의 풍경은 을씨년
스럽기만 합니다. 면접관과 취업 준비생은 서로 마주 보고 앉아
있지만 그 관계는 일방적일 수밖에 없습니다. 한쪽이 질문을 하

면 한쪽은 그저 대답만 할 수 있을 뿐입니다. 정해진 시간이 지나면 한쪽은 평가를 내리고 다른 쪽은 무조건 그 결과를 받아들여야 합니다. 그리고 이 일방적인 평가가 한 사람의 운명을 결정짓습니다.

21세기에 접어들고 얼마 지나지 않아 '인턴'이라는 새로운 용어가 신입 사원이라는 말을 대신하기 시작했습니다. 원래 인턴이라는 용어는 병원이나 의과대학에서 사용하던 말이었습니다. 하지만 현재는 회사나 특정 기관의 정식 구성원이 되기에 앞서 훈련을 받는 사람이나 그러한 과정 전체를 지칭하는 의미로 쓰입니다. 제가 다녔던 회사에서도 신입 사원을 바로 채용하는 대신 인턴 제도를 도입해 운영했습니다. 인턴의 근무 기간은 6개월이었기에 경력이 10년 이상 되는 직원 두 명이 한 조를 이뤄 6개월마다 한 번씩 인턴 면접을 봐야 했습니다.

다른 팀의 선배와 같이 처음으로 면접을 보러 들어가던 날은 심지어 설레기까지 했습니다. 20대 청춘들을 만나는 일 자체가 제겐 답답한 일상 속 작은 여행과도 같았습니다. 당시 전 이 새로운 경험에 도취되어 면접을 보러 왔던 이들의 긴장감은 아랑곳하지 않은 채 마냥 설레기만 했습니다.

한 사람을 평가하기에 30분이라는 시간은 턱없이 부족했습니다. 빠른 말투로 매뉴얼에 적힌 질문만 해 댄 저와는 달리 같이 들어간 선배는 자신이 정말 궁금한 것을 물었습니다. 그 질문은 "만일 응시자에게 매달 의식주를 해결할 수 있을 만큼의 생활비가 생긴다면, 그래서 지금보다 자유로워진다면 무엇을 할 건가요?"였습니다. 질문을 받은 이들은 당황하며 "그래도 이 회사에 입사해 자기 성취를 이룰 겁니다."라거나 "봉사 활동을 하고 싶습니다." 혹은 "여행을 가서 새로운 경험을 하고 싶습니다."라고 답하곤 했습니다.

생각해 보면 결코 답하기 쉬운 질문이 아니었습니다. '대체 무슨 의도로 저런 엉뚱한 질문을 하는 거지?' 이런 의문이 생겼지만 쉽사리 물어보지 못했습니다. 왜냐하면 그 질문을 던지는 선배의 얼굴에서 진지함을 넘어 비장함까지 느껴졌기 때문입니다. 돌이켜 보면 그 선배는 평소에도 유난히 자유에 대한 얘기를 많이 했습니다.

"내가 회사를 다니는 이유는 훗날 자유를 만끽하기 위해서야!", "진정한 자유를 소유하기 위해서는 불안이라는 대가를 치러야 해. 하지만 아직은 월급봉투가 불안과 자유 둘 모두를 잠재우고 있어!", "자유를 가로막는 가장 큰 적은 불안이야. 미래에 대한 불안은 바로 취약한 경제적 토대에서 나오지. 그래서 많이 답답해. 외로움을 가장 친한 친구로 삼을 용기가 있어야 하는데 난 아직 그 정도는 안 되는 것 같아." 얼큰하게 취기가 돌면 선배는 이런 식으로 자유 타령을 하였습니다. 그러던 어느 날 선배가 제게 책 한 권을 선물했습니다. 죽음을 앞둔 한 인간의 지나간 삶과 고독한 현재를 그린 헤밍웨이의 단편집 『킬리만자로의 눈』이었습니다.

제게 책을 선물하고 일주일 후 선배는 회사를 그만두었습니다. 그리고 한 달 후 아프리카의 킬리만자로로 떠났습니다. 업무 차 외출할 때면 선배는 "가자! 떠나자!"라고 외쳤고 그때마다 사람들은 싱거운 농담이라 생각하며 웃었습니다. 그가 모든 걸 다 내려놓고 킬리만자로로 떠났다는 얘길 들은 순간 그제야 전 그 외침이 가벼운 농담이 아니라 그의 소중한 꿈이었다는 걸 알게 되었습니다. 송별회가 있던 날, 선배가 남은 짐을 챙기기 위해 사무실에 들렀을 때 전 작은 박스 하나를 달랑 들고 사무실을 나서는 그를 붙잡았습니다.

"선배! 왜 그리 도망치듯 나가요? 누가 떠미는 것도 아닌데…."

악마는 꼴찌부터 잡아먹는다

"내가 그랬나? 나도 모르게 괜히 마음이 급했나 봐."

"그런데 선배, 그 동안 궁금했던 게 하나 있어요. 왜 인턴 면접 볼 때마다 똑같은 질문을 했어요? 면접 보던 사람들이 많이 당황하던데."

"아, 그거. 솔직히 그건 내가 나 자신한테 묻고 싶던 질문이었어. 대답을 모르니까 비겁하게 다른 사람들한테 물어본 거지. 20대 청년들 대답은 다를 거 같아서…. 기억나? 작년에 내가 그 질문을 하니까 한 녀석이 했던 대답?"

"뭐였죠?"

"그 친구 대답이 걸작이었지. '다시 태어나고 싶습니다. 지금의 내 삶이 아닌 다른 삶을 살고 싶어서요.' 근데 난 왠지 그 대답이 정말 슬프더라고. 그런데 문득 '그래, 바로 이거야!'라는 생각이 들더라. 젊은 친구에게 큰 걸 하나 배웠지."

처음엔 그 얘기가 무슨 말인지 몰랐습니다. 얼마 후 킬리만자로에서 온 사진 한 장이 제게 이렇게 속삭였습니다.

난 항상 격리와 속박의 사슬을 끊고 자유를 만끽하고 싶었다. 그 이유는 인류의 역사라는 것 자체가 자유를 확장하기 위해 투쟁한 기록이기 때문이다. 격리된 나의 삶을 자유롭게 하는 것 그것이 바로 나의 이성이 해야 하는 역할이다. 그리하여 나는 오늘 다시 태어난다.

킹 목사가 암살된 진짜 이유

—

역사학자의 특권 중 하나가 과거 사건을 취사선택해 소환할 수 있는 것이라면, 저도 잠시 그 특권을 누려 보고자 합니다.

1968년 4월 4일 목요일, 미국의 인권 운동가 마틴 루서 킹 목사가 테네시주 멤피스의 로레인 모텔 발코니에서 밖에 있는 군중들과 이야기를 나누다 암살당했습니다. 범인인 제임스 얼 레이는 범행 현장에서 극적으로 탈출한 후 백색 포드 무스탕을 11시간이나 운전한 끝에 국경을 넘습니다. 이후 캐나다, 잉글랜드, 포르투갈 등을 거치며 도피 행각을 벌이던 그는 그해 6월 8일 킹 목사가 사망한 지 두 달 만에 런던 히스로 공항에서 체포됩니다. 징역 99년을 선고받은 레이는 1977년 탈옥에 성공합니다(이 사건은 지금도 미스터리한 일로 남아 있습니다). 하지만 불과 3일 만에 다시 체포되었고 결국 30년 후, 1998년 4월 생을 마감합니다.

2014년 4월 오베리 핸드릭스 교수가 『허프포스트』에 기고한 「마틴 루서 킹 목사가 죽어야 했던 이유」라는 글은 제게 두 가지 생각을 떠올리게 했습니다. 하나는 정의와 진실을 찾아가는 길이 봉쇄되었던 시대에 일어난 터무니없는 희생에 대한 먹먹함이었으며, 또 다른 하나는 첫 번째 행진보다 더 절박하고 무거웠던 킹 목사의 두 번째 행진에 대해 제가 전혀 모르고 있었다는 사실이었습니다. 백인만 갈 수 있던 식당과 흑인이 갈 수 없던 화장실을 세상에서 몰아냈던 첫 번째 행진이, 숨겨져 있던 경제적 불평등을 폭로하는 두 번째 행진으로 진화하는 순간 그는 목숨을 빼앗길 수밖에 없었던 것입니다.

흑인들의 인권을 보장받기 위해 궐기했던 첫 번째 행진이 승리로 끝나는 것을 목도한 미국의 지배계급은 '빈자들의 행진 Poor People's Campaign'이라는 이름이 붙은 두 번째 행진에 대해서는 결코 묵과할 수 없었던 것 같습니다.

"지금 우리는 계급 문제를 다루고 있습니다. 우린 가진 자들과 가지지 못한 자들 사이의 문제를 다루고 있습니다.", "경제·정치권력을 매우 급진적으로 분배하지 않는다면 우리의 문제 또한 해결될 수 없습니다."라고 외친 킹 목사는 인종 문제에서 한 걸음 더 나아가 경제 구조의 변화와 정치적 혁명에 대해 목소리를 높였습니다. 인류의 역사를 돌이켜 보면 진실을 추구했던 자들의 운명은 가혹하기 그지없습니다. 이보다 더 안타까운 건 본질이 그 실체를 드러낼 때마다 저항에 동참했던 많은 이들이 피를 흘리며 쓰러져 갔다는 사실입니다. 핸드릭스 교수의 글을 다시 살펴보겠습니다.

> 계급적 본질을 건드리는 이 운동(킹 목사의 두 번째 행진)이 지향하는 바는 미국 자본가들에겐 매우 막강하고 잠재적인, 국내적 위험이었다.
>
> 암살되기 전, 킹 목사는 범도시적 투쟁을 위해 농성 중이던 위생설비 노동자들을 불렀다. '빈자들의 행진'이란 이름으로 모인 이 국가적 투쟁은 정치가들과 CEO들에게 불안과 걱정을 야기했고, 이 불안과 걱정은 정계와 재계 양쪽 모두를 극도로 위협했다. 한때 미국을 뒤덮었던 비노조 대중운동으로 도시 전체가 마비되고 수백만 달러의 사업 투자비를 잃은 전례가 있었기 때문이다.

킹 목사가 죽은 지 32년이 지난 2000년 6월, 미 법무부는 킹 목사 암살 사건에 관한 보고서를 검토했지만 새로운 증거가 발견되지 않는 한 더 이상의 수사는 없다며 종결 선언을 하고 말았습니다.

악마는 꼴찌부터 잡아먹는다

실패의 역사를 되돌아봐야 하는 이유

—

하지만 당시 킹 목사가 내세웠던 '반자본주의적 경제 전쟁'은 지금도 유효합니다. 그 유효성은 '빈자들의 행진'이 요구한 세 가지, '완전고용, 저렴한 임대주택의 공급, (연간)보장소득'에 담겨 있습니다. 이 세 가지 사항은 21세기인 지금도 여전히 요구되고 있는 것들입니다. 이 중에서도 특히 킹 목사가 강조한 것은 '보장소득'으로, 요즘 많이 거론되는 '기본소득'에 관한 최초의 정치적 구상이었습니다. 1967년 그는 「여기서 우리는 어디로 가야 하나 : 혼란인가? 공동체인가?」라는 연설문에서 시대의 지향점을 분명히 밝히고 있습니다.

> 우리는 국가에게 보장소득으로 이끌어 갈 사회 프로그램 개발을 요구해야 한다. 금세기 초였다면 이 제안은 책임과 자발성을 파괴한다고 조롱과 비난을 받았을 것이다. 그 당시에는 경제적 상태가 개인의 능력과 재능의 척도로 간주되었다. (…) 이제 우리는 시장이라는 경제 시스템의 작동 오류와 만연한 차별이 사람들을 게으르게 만들고, 그 결과 그들의 의지와는 반대로 사람들을 항상 혹은 빈번하게 실업 상태에 빠뜨려 눈멀게 한다는 것을 깨달았다. (…) 가난한 사람이 열등하거나 무능하기 때문에 해고되는 경우는

드물다. 우리는 또한 경제가 아무리 역동적으로 발전하고 확장되어도 가난은 없어지지 않는다는 것을 알고 있다. (…) 경제학자 존 케네스 갤브레이스John Kenneth Galbraith는 1년에 200억 달러를 가지고 보장소득을 실시할 수 있다고 말했다. (…) 부정의하고 사악한 베트남 전쟁을 수행하는 데 350억 달러를 쓰는 나라라면 그리고 사람을 달에 보내는 데 200억 달러를 쓰는 나라라면, 하나님의 자녀들을 지구 위에서 그들 스스로, 그들의 두 다리로 서게 하는 데 수백 억 달러를 쓸 수 있어야 한다.

지금으로부터 50여 년 전 한 흑인 인권 운동가가 외친 보장소득 즉 '기본소득 운동'은 경제학자들에게 적지 않은 충격을 던졌고 시대 담론 중 하나가 되었습니다. 그 결과 킹 목사가 암살당하고 한 달 뒤, 폴 새뮤얼슨, 제임스 토빈, 존 케네스 갤브레이스 등으로 대표되는 1,200명의 경제학자들은 미국 의회에 '(연간)보장소득' 도입을 요구하는 청원서를 냈습니다.

그에 대한 응답으로 1969년 닉슨 대통령은 4인 가족 기준 연간 1,600달러를 보장하는 법안인 '가족지원제도(FAP)'를 추진하였습니다. 지금 기준으로 1,600달러의 가치는 약 10,000달러에 해당하는 적지 않은 금액입니다. 하지만 마틴 루서 킹의 유산은 결국 현실화되지 못했습니다. 당시 백악관이 추진한 현대 판 기본소득 법안은 미 하원의 문턱은 넘었지만 상원에서 10표 차로 부결되고 말았습니다. 킹 목사의 꿈은 결국 무너져 버렸고, '진보와 복지' 대신 '보수와 불평등'을 선택한 미국은 현재 선진국 중에서도 경제적 불평등 지수가 가장 높은 나라 중 하나가 되고 말았습니다.

역사를 돌이켜 보는 이유는 인류가 거둔 승리와 기쁨을 만끽하기 위해서만은 아닙니다. 실패의 역사를 돌아보는 것 자체가 사회문제의 근본 원인을 파악하는 또 다른 방법일 수 있습니다. 제가 반세기 전 킹 목사가 주장했던 보장소득을 현재로 소환한 이유 또한 여기 있습니다. 당시 상원에서 반대표를 던진 10명이 가족지원제도에 찬성했다면 21세기 지구촌의 모습은 어땠을까요? 역사에 만약은 없다지만, 저는 그 가정을 우리와 동시대를 살아가는 경제학자와 함께 다시 한번 짚어 보고자 합니다.

자유에 대한 두 가지 시선

—

「님의 침묵」의 시인 한용운 선생은 1933년 조선총독부와 마주 보는 것을 거부하며 북향으로 집을 지었습니다. 그 집이 바로 성북동의 '심우장'입니다. 평생 민족의 해방과 자유를 위해 살았던 그는 불과 광복을 1년 앞둔 1944년 심우장에서 눈을 감았습니다. 남쪽의 따뜻한 햇살을 거부할 자유만 누릴 수 있었던 그는 생전 그의 수필 「번민과 고통」에서 자유에 대해 이렇게 말했습니다.

> 자유가 없으니까 눈이 있으나 입이 있으나 없는 거나 다름이 없다. 손이 날래고 발이 튼튼하다 하더라도 아무 보람이 없다.

그는 일제에 나라를 빼앗긴 식민지 조선의 서러운 삶의 근원을 '빼앗긴 자유'로 규정했습니다. 눈으로 볼 수도 없고 손에 잡히지도 않지만, 인류의 역사는 그 무형의 '자유'를 확대하려 투쟁했던 시간들의 축적으로 볼 수 있습니다. 문제는 그 자유라는 것에도 미국산이 있고 유럽산이 있고 국적이 불분명한 것도 있다는 것입니다. 일본 제국주의로부터 내 딸과 아들의 운명을 지키지 못했던 시대의 자유는 제국주의산이었으며, 해방 이후 군사정권 시절의 자유는 독재자가 머물던 청와대와 남산의 정보기관이 내려 준 순수 국내산이었습니다.

20세기 말 무역 장벽이 무너지자 한국도 비로소 미국산 혹

악마는 꼴찌부터 잡아먹는다

은 유럽산 자유를 수입할 수 있게 되었습니다. 이후 전 세계에는 'made in USA' 마크가 선명한 미국산 자유만이 넘실거렸습니다. 그러나 이런 와중에도 세태에 휩쓸리지 않고 자신만의 생각을 담은 자유를 포기하지 않은 경제학자가 있었습니다. 필리프 판 파레이스Philippe Van Parijs. 벨기에 루뱅 대학 교수이자 기본소득과 관련해 전 세계에서 몇 안 되는 전문가 중 한 명인 그는 『21세기 기본소득Basic Income』이라는 책에서 자유에 대해 이렇게 얘기합니다.

> (인류에게) 어떤 것이 위협이고 어떤 것이 기회인지를 제대로 평가하기 위해서는 규범적 기준이 필요하다. 이를 위해 이 책 전체에 걸쳐 우리가 기준으로 삼은 것은 '자유'다. 좀 더 정확하게 말하자면, 단지 부자들만이 아닌 '만인의 실질적 자유'다.

벨기에산이라면 '고디바' 초콜릿 정도만 알던 저는 이 책을 통해 경제학의 변방(!)인 벨기에로부터 자유에 관한 새로운 시선을 발견하게 되었습니다. 1977년 비가 내리던 어느 봄날, 필리프 판 파레이스는 그의 대표작 『모두에게 실질적 자유를 Real Freedom for All : What (If Anything) Can Justify Capitalism?』이라는 책을 쓰기 시작했습니다. 그로부터 18년이 흐른 뒤 1995년에야 출간된 이 책은 기본소득을 매개로 자유와 평등, 성장과 분배, 자본주의와 사회주의 경제체제 간의 오랜 갈등 그리고 정치와 경제를 아우르는 철학적 담론과 논점들을 정리한 명저입니다.

'실질적으로 자유가 보장되는 사회'가 가장 정의롭다는 신념을 가진 파레이스는 자본주의가 힘이 세질수록 개인은 물론 인류 전체에게 실질적인 자유가 보장되지 않는다고 주장합니다. 그는 이 책의 서문에서 다음과 같이 말하며 일종의 사상적 커밍아웃을 감행합니다.

하나, 우리가 살고 있는 자본주의 사회는 용납할 수 없는 불평등으로 가득 차 있다. 둘, 자유는 최고로 중요한 것이다. 이 책은 이두 가지를 강하게 확신하는 사람이 쓴 것이다.

불평등으로 가득 찬 자본주의 사회를 결코 용인할 수 없다는 그의 생각은, 세상은 실질적 자유라는 목표를 향해 나아갈 때에만 지속 가능하다는 뜻일 겁니다. 그렇다면 그가 목표로 하는 실질적 자유는 과연 무엇일까요?

필리프 판 파레이스는 '형식적 자유'와 '실질적 자유'의 대립을 통해 자유의 본질을 찾아갑니다. 여기서 먼저 신자유주의

악마는 꼴찌부터 잡아먹는다

경제사상의 기초를 제공한 프리드리히 하이에크가 말하는 자유가 무엇인지 살펴보겠습니다.

> 비록 나 자신이나 혹은 내 가족이 굶어 죽을지 모르기 때문에 매우 낮은 임금을 주는 불쾌한 직업을 받아들일 수밖에 없다고 하더라도, 또 나를 고용할 의향이 있는 바로 그 사람에 의해 내가 좌지우지된다고 하더라도, 나는 그나 다른 어느 누구에 의해서도 강제되고 있지 않다. 따라서 자유가 없다고 할 수 없다. 왜냐하면 자유는 단지 강제로부터의 자유이기 때문이다. ◆

나와 내 가족이 굶어 죽을지 몰라 어쩔 수 없이 불쾌한 직업을 받아들일 수밖에 없는 사람도 자유인(!)으로 규정한 하이에크의 형식적 자유에 대해 필리프 판 파레이스는 이렇게 응수합니다.

> 만일 내가 무일푼이라면, 나는 실제로는 유람선 여행에 함께할 자유가 없다. 내가 굶어 죽는 것 외에는 다른 대안이 없거나 혹은 형편없는 직업을 받아들이는 것 말고는 다른 대안이 없다면, 나는

◆ 필리프 판 파레이스, 『모두에게 실질적 자유를』, 후마니타스, 2016.

실제로 그 작업을 거부할 자유가 없다. ♦

과연 누구의 주장이 진짜 자유를 대변하고 있는 걸까요?

자유의 독점을 경계하라!

—

'자유'는 눈으로 볼 수 없습니다. 마치 신이나 악마 같은 거죠. 그런 자유는 때로는 신의 형상으로 때로는 악마의 모습으로 우리 앞을 서성입니다. 그 둘을 가르는 기준은 '보이지 않는 강제'일지도 모릅니다. 어떤 한 개인이나 공동체가 노예로 전락하거나 식민지가 되는 시대는 이제 지나갔습니다. 하지만 보이지 않는 강제는 지구촌 곳곳에서 개인의 삶에 족쇄를 채우며 위협하고 있습니다.

회사에 다닌다는 건 월급을 받는 대가로 회사가 요구하는 보이지 않는 강제를 수용하는 것입니다. 반대로 회사를 그만둔다는 건 월급을 포기하는 대가로 회사의 보이지 않는 강제를 거부하는 것입니다. 하지만 역설적이게도 현대 사회를 살아가는

♦ 필리프 판 파레이스, 같은 책.

악마는 꼴찌부터 잡아먹는다

우리는 이 보이지 않는 강제를 간절히 원합니다. 그게 회사든 공동체든 어딘가에 소속되어 강제를 당해야 경제적으로도 사회적으로도 안정감을 누릴 수 있기 때문입니다. 보이지 않는 강제를 거부하는 사람은 낙오자 혹은 외톨이가 되어 미래를 기약할 수 없게 됩니다.

신자유주의 시대를 살아가는 우리는 이 보이지 않는 강제를 확보하기 위해, 임금을 인질로 잡고 있는 자본에 이익을 안겨주기 위해, 언제 잘릴지도 모르는 직장을 지키기 위해 오늘도 고군분투하고 있습니다. '진짜 자유(실질적 자유)'를 찾기 위해 사람들은 때때로 허망한 꿈을 꾸기도 합니다. 그 꿈의 가장 높은 곳에는 건물주가 있습니다. '조물주 위에 건물주가 있다.'는 말에 실소가 나오기도 하지만 어쩌면 이 시대에 진짜 자유를 누릴수 있는 직업은 건물주밖에 없지 않나 하는 생각이 들기도 합니다. 그렇다면 과연 우리는 '자유란 무엇인가?'라는 질문에 어떤 대답을 할 수 있을까요? 이쯤에서 필리프 판 파레이스가 생각하는 실질적 자유가 무엇인지 살펴보도록 하겠습니다.

실질적 자유는, 한 인격체에 허용되거나 혹은 한 인격체가 할 수 있는 행위에 한계를 설정하는 것에 의해 더 폭넓게 제한될 수 있습니다. 예를 들어, 한 인간의 구매력과 한 인간의 유전적 구성은 모두 실질적 자유와 직접 관련되어 있습니다. 다시 말해, 실질적 자유는 하고 싶은 것이라면 무엇이든 할 권리를 가지는 문제일 뿐만 아니라, 그것을 가지기 위한 수단을 가지는 문제이기도 합니다. ♦

경제 발전은 결국 사람을 통해 이루어집니다. 천재들이 아무리 매력적인 상품을 만들어 내도 사람들이 소비해 주지 않으면 가치를 창출하지 못합니다. 그러나 일을 하고 싶어도 일을 할 수가 없는 시대, 사람이 하던 일을 로봇이 대신하는 시대가 코앞에 다가왔습니다. 동시에 기술의 발전으로 생긴 이익과 부는 로봇과 인공지능 등 첨단 기술을 독점하고 있는 소수에게만 돌아가고 있습니다. 일자리를 잃은 사람들, 기술혁신의 열매를 나눠 갖지 못한 사람들이 과연 계속 소비를 할 수 있을까요? 기본소득에 대한 상상은 바로 이런 현실을 바탕으로 구체화되었습니다.

2017년 필리프 판 파레이스는 그의 동료 야니크 판데르

♦ 필리프 판 파레이스, 같은 책.

보흐트Yannick Vanderborght 생-루이 대학 정치학과 교수와 함께 『21세기 기본소득』이란 책을 출간합니다. 부가 소수에게만 집중되는 신자유주의 경제에 대한 회의와 불안이 이 책을 세상에 나오게 했던 것입니다. "본래 우리를 노동에서 해방시키도록 고안된 기술의 진보라는 것이 오히려 갈수록 더 많은 인구를 노예로 만들어 버릴 것"이라는 그의 불길한 현실 인식은 다음과 같은 해답을 낳았습니다.

기본소득이야말로 빈곤에서 빠져나오는 가장 자연스럽고도 좋은 방법이다. 마치 누구의 집에서 빠져나오는 가장 자연스럽고 좋은 방법이 그 집 문을 통해 나오는 것인 것처럼 말이다.

그가 말하는 기본소득에는 다음과 같은 조건이 붙어 있습니다.

1. 정기적으로Periodic

2. 현금으로Cash Payment

3. 개개인에게Individual

4. 모두에게Universal

5. 무조건적으로Unconditional

기본소득은 세계 곳곳에서 수많은 논쟁거리를 낳았습니다. 명망가들의 이해할 수 없는 논쟁에 아득함을 느낄 때면 저는 그들의 주장에 현실을 대입시켜 봅니다. 그들이 기본소득에 대해 온갖 철학적, 경제적 논쟁을 벌일 때 저는 진짜 자유에 대해 생각합니다. 지구촌의 구성원으로서 우리 모두는 진짜 자유 즉 실질적 자유를 누릴 자격이 있다는 걸, 그를 위해 기본소득이 필요하다는 사실을 인지해야 합니다.

그럼에도 여전히 '아무 일도 안 하면서 정부에게 돈을 달라고 하는 건 미친 짓이다.'라고 생각하는 이가 있다면 가족 공동체를 한번 떠올려 보라고 말하고 싶습니다. 일을 하는 어머니, 직업이 없는 아버지, 대학생 아들과 고등학생 딸, 이렇게 네 식구로 이루어진 가정의 어머니는 자신의 수입을 아무 조건 없이 다른 가족들과 나눕니다.

만일 당신이 지구 공동체라는 말을 혐오하지 않는다면 그리고 세상의 모든 부는 몇 안 되는 천재가 만든다는 끔찍한 우화를 믿지 않는다면 당신도 지구 혹은 사회 공동체의 일원으로서 아무 조건 없이 기본소득을 받을 자격이 있는 것입니다. 당신의 존재 자체가 경제를 움직이고 부를 창출시키는 기반이니까요.

모두가 기본소득으로 실질적 자유를 누릴 수 있게 된다면 이는 연쇄적으로 또 다른 선과 정의를 만들어 낼 것입니다. 더 나아가 주체적이며 창의적인 노동을 할 수 있게 된 개인들은 경제적 환경을 더욱더 건강하게 만드는 데 기여할 것이고 그 과정에서 자신의 존재 의미도 찾을 것입니다.

2020년 6월 3일, 미래통합당의 김종인 비상대책위원장은 기자들과 만나 이런 이야기를 했습니다. "길을 가다가 빵집을 지나는데 김이 모락모락 나는 빵을 보니 먹고 싶어졌다. 근데 돈이 없어 먹을 수 없었다. 그럼 그 사람에게 무슨 자유가 있겠나." 그리곤 "그런 가능성을 높여야 자유가 늘어난다."고 강조했습니다. 그의 말은, 돈 없이 자유를 누리는 것이 불가능한 세상이라면 그 돈을 어느 정도 공평하게 나누어야 한다는, 그래야 실질적 자유를 확보할 수 있다는 얘기처럼 들립니다.

만일 당신에게 정기적으로 기본소득이 제공된다면 무엇을 하고 싶은가요? 너무 꿈같은 얘기라 실감이 안 나나요? 미래의 어느 날 이 꿈이 현실이 돼서 최소한의 경제적 자유가 보장된다면 과연 인류는 어떤 삶을 살게 될까요? 그럼에도 여전히 '말만 번지르르한 것 아냐? 정말로 기본소득이 현실화될 수 있다고?'

이런 의문을 품고 있는 이들에게 저는 김구 선생이 쓰신 『백범일지』의 한 대목을 들려 드리고 싶습니다.

> 자유와 자유 아님이 갈라지는 것은, 개인의 자유를 속박하는 법이 어디서 오느냐 하는 데 달렸다. 자유 있는 나라의 법은 국민의 자유로운 의사에서 오고, 자유 없는 나라의 법은 국민 중의 어떤 일개인 또는 한 계급에서 온다.

사회 공동체의 주인인 우리가 진정으로 실질적 자유와 기본소득을 원한다면 자유와 자유 아님이 갈라지는 그 지점에서 실질적 자유를 획득하는 쪽을 선택하면 됩니다. 왜냐하면 김구 선생의 말씀처럼 자유가 있는 나라의 법은 국민의 자유로운 의사에서 나오는 것이니까요.

실질적 자유를 얻기 위한 도구로써 기본소득에 관한 당신의 생각은 무엇인가요? 어쩌면 이에 대해 고민하고 답을 찾아가는 과정이야말로 코로나19 이후 세계에 대한 새로운 구상이 될지 모릅니다. 팬데믹이라는 인류 전체의 위기 앞에서 우리가 불러낼 얼굴이 신의 형상일지 아니면 악마의 화신일지 결정하는 것도 이 고민과 대답에 달려 있을 것입니다. 우리 모두가 그토록 갈망하는 진정한 자유는 지금 일생일대의 갈림길에서 서성이고 있습니다.

경제학자의 초상

필리프 판 파레이스
Philippe Van Parijs, 1951~

'기본소득'에서 길을 찾는 경제학자에게

파레이스 선생님!

2020년 봄부터 시작된 팬데믹은 정도는 약해졌지만 아직도 완전히 사라지지는 않았습니다. 코로나19가 한창 기승을 부렸을 때 인류는 강요된 고독 안으로 도망쳐 바이러스를 피하는 것밖에는 방법이 없었습니다. 문명의 발달이 최고조에 이른 시대에 아이러니하게도 작은 바이러스에 의해 거대한 지구촌이 멈춘 것입니다. 누군가는 지금의 사태가 신자유주의 시대의 종언을 불러올 것이라 하고 또 다른 누군가는 '뉴 노멀New Normal'의 시대가 왔다고 목소리를 높입니다. 상황이 점차 진정되어 가고 있음에도 예측하지 못했던 바이러스의 출현으로 전 지구적 재앙을 경험한 사람들은 미래를 지향하며 새로운 꿈을 꾸는 일보다 지금 당장의 생존과 안전이 더 중요하다고 느끼는 것 같습니다.

어쩌면 선생님이 그토록 염원하셨던 기본소득이 한국 사회에 화두로 등장한 건 바로 이런 위기 덕분일 수도 있습니다. 정부는 기본소득이라는 이름 대신 '재난 지원금'이라는 표현을 사용했지만 이 같은 국가의 시혜(!)는 불과 몇 년 전만 하더라도 상상할 수조차 없던 것이었습니다. 그것도 전 국민을 대상으로 하는 지원금이라니, 놀랍기 그지없는 일 아닙니까?

1995년, 현실 사회주의가 막을 내리고 신자유주의의 구호가 세상을 뒤덮을 무렵 선생님은 『모두에게 실질적 자유를』이란 책을 출간하셨습니다. 미국과 소련 두 강대국 사이의 기나긴 냉전이 마침내 미국의 승리로 끝난 것을 기념이라도 하듯, 전 세계를 '무역자유화'라는 기치 아래 하나로 묶으려는 목적으로 세계무역기구(WTO)가 출범한 해도 바로 1995년입니다.

1995년엔 비극적인 사건들도 숱하게 일어났습니다. 선생님이 살고 계신 유럽의 동쪽에선 극단적 민족주의가 기승을 부리며 대지를 피로 물들였죠. 보스니아 내전 당시 가장 잔인한 전쟁범죄 중 하나로 일컬어지는 스레브레니차 학살◆이 자행됐던 해도, 1차 체첸전쟁에서 러시아군이 피를 피로 씻는 만행을 저질렀던 해도 바로 1995년이었습니다.

선생님의 일기장에는 기록되지 않았겠지만, 그해 한국엔 삼풍백화점 붕괴 사건이 일어났습니다. 27년이 지난 지금도 많은 이들이 강남 한복판에서 거대한 건물이 맥없이 쓰러지던 모습을 기억하고 있고, 그 처참한 사건에서 가까스로 살아남은 이들은 끔찍한 기억 속에 갇힌 채 트라우마를 겪고 있습니다. 학살과 전쟁 그리고 욕망의 붕괴가 지구촌 곳곳에서 비극을 일으키던 1995년, 그 피비린내 나는 포연을 뚫고 선생님은 '실질적 자유를 위한 기본소득'이라는 따뜻한 담론을 세상에 내놓았던 것입니다.

◆ 1995년 보스니아 내전 당시 유엔이 '안전 지역'으로 선포한 피난민 주거지인 스레브레니차를 세르비아군이 침공해 약 8,500명의 이슬람교도들을 학살한 사건.

경쟁만이 살길이라고 핏대를 세우고, 시장이 모든 걸 해결해 줄 거라는 사이비 종교 같은 믿음이 판치는 세상에서 신자유주의를 심판대에 세우자고 외치는 선생님의 용기가 솔직히 부러웠습니다. 설사 그것이 시대의 거대한 흐름에 반하는 헛된 노력에 불과할지라도, 우리에겐 선생님의 그 애절한 외침을 외면할 자유는 없었던 것입니다. "기본소득은 어떤 이의 열매를 빼앗아 모두에게 나눠 주는 게 아니라, 기술의 진보와 자본축적으로 받은 큰 선물을 더 공정하게 나누는 것"이라는 선생님의 말씀은, 신이 내려 주신 자연과 기술의 진보를 바탕으로 인류가 함께 쌓아 온 부는 결코 개인의 것이 아니라는 저의 믿음을 더 굳건하게 만들어 주었습니다. 선생님의 이런 경제철학이야말로 '무조건적 기본소득'의 튼튼한 기반이며, 열심히 일하는 사람이든 아니든 모두가 최소한의 경제적 자유를 누릴 자격이 있다는 믿음을 가능케 하는 사상적 근거인 것입니다.

2018년 6월 8일 『경향신문』과의 인터뷰에서 선생님은 "노동에 정당한 대가를 지불하지 않고 구조적으로 왜곡돼 있어서 기본소득을 주장하는 것인가?"라는 질문에 이렇게 답하셨습니다.

일이 재미없고 지루하고 위험하면 더 많은 대가를 받아야 한다. 이것이 기본소득 제안이 나온 이유다. 기본소득이 충분히 높으면 화장실 청소부가 교수보다 더 많은 급여를 받을 것이다. 임금은 우리의 노동, 노력 덕분이 아니다. 한국이나 벨기에처럼 언제, 어디에 사느냐가 중요하다. 엄청난 기술적 진보와 자본축적, 사회 학습에 의해 혜택을 받는 곳에 사느냐 그렇지 못하느냐에 달렸다. 이것이 바로 우리가 100년 전보다 훨씬 많이 벌고, 인도 캘커타나 콩고민주공화국 킨샤사 사람보다 많이 버는 이유다. 기본소득은 어떤 이의 열매를 뺏어서 모두에게 주는 게 아니다. 과거로부터 받은 선물을 더 공정한 방법으로 나누는 거다.

자본주의의 원죄는 자유에 불평등을 부여하고 동시에 경쟁을 도입했다는 데 있다는 것을 인지할 때 우리는 선생님의 깊은 통찰을 이해할 수 있을 것입니다. 코로나19 팬데믹이라는 재앙이 역설적으로 기본소득을 위한 교두보를 제공했다면, 이제 우리는 교두보 건설에 들어가는 비용을 따지는 일보다 경제에 대한 새로운 철학을 만들어 나가는 데 집중해야 합니다.

이 책 1장의 주인공이었던 정운영 선생은 파레이스 선생님이 계신 루뱅 대학교를 '중세와 현대가 만나는 현장'이라고 회상했습니다. 그 뜻깊은 공간이 향후에는 '현대와 미래가 만나는 집단 지성의 광장'으로 기억되길 저는 바랍니다. 선생님이 그곳에 계시다는 것만으로도 경제학이 언젠가 인류에게 실질적 자유를 가져다 줄 것이라는 저의 믿음에 도움이 됩니다. 하루라도 빨리 팬데믹이 종식되어 다시금 전 세계의 지성들이 모이는 광장에 기본소득에 관한 목소리들이 울려 퍼지길 기원합니다.

8

경쟁은 누구도
승자로 만들지 않는다

그 후배가 정리 해고를 당한 이유는 뭘까?

—

세상엔 이타심을 가지고 좀 더 좋은 세상을 만들기 위해 노력하는 사람이 있는가 하면, 자신의 이익을 위해선 목소리를 높여도 정작 공동체를 위한 행동이 필요할 땐 슬그머니 뒤로 물러서는 사람도 있습니다. 회사도 마찬가지입니다. 묵묵히 성실하게 일하는 사람이 있는가 하면 평소 말만 앞세우며 힘들고 티 안 나는 업무 앞에선 슬쩍 꽁무니를 빼는 사람이 있습니다.

저는 사회에서도 회사에서도 후자에 속했던 사람입니다. 세상이 급변할 때면 가만히 지켜보다 대세가 기울 때쯤 유리해 보이는 쪽에 슬쩍 발을 걸쳤습니다. 해고의 칼날이 번뜩일 때는 가장 먼저 고개를 숙였으며, 어떻게든 살아남기 위해 옆 사람의 손을 잡아 주는 일엔 주저했습니다. 격동의 시대 한가운데서도 용감하게 행동했던 사람들 그리고 나보다 뛰어난 능력을 가졌음에도 직장에서 쫓겨나던 동료들에게 저는 결코 갚을 수 없는 빚을 지고 있습니다. 저는 그들이 피와 땀 그리고 희생으로 일군 세상에 무임승차했고, 일자리를 놓고 동료들과 벌인 의자 뺏기 놀이에서는 실력이 아닌 운으로 자리를 지켜 냈습니다.

지난날을 되돌아보면 저는 참으로 운이 좋았습니다. 1987년 대학에 입학해 민주화를 견인한 586세대라는 꼬리표를 달았고, 부모님 세대가 피땀으로 이룩한 자본주의의 황금기 덕분에 형편없는 학점으로도 비교적 쉽게 일자리를 얻었습니다. 그러나 사회생활을 시작한 지 5년 만에 불어닥친 IMF 외환위기는 제 안에 숨어 있던 비겁함을 들춰내고야 말았습니다. 이후 하루하루 생존을 두고 벌이는 전투 속에서 저는 경쟁과 불평등의 논리에 조용히 순응했고, 사실에 기초한 신념 대신 욕망에 뿌리를 둔 거짓말을 함으로써 경쟁에서 무조건 이길 수 있는 근육만 키워 나갔습니다. 시간이 흐름에 따라 저의 욕망은 점점 더 기형적으로 자라났습니다. 비정규직 사원증 색깔과 나의 정규직 사

악마는 꼴찌부터 잡아먹는다

원증 색깔이 다르다는 사실을 자랑스러워했고, 피도 눈물도 없는 자본에게 강제로 쫓겨난 동료들의 아픔을 시대 탓으로만 돌리며 애써 그들을 외면했습니다.

정리 해고 통보를 받은 후배가 마지막으로 출근했던 날이 생각납니다. 그 후배는 자신의 능력과는 상관없이 단지 부서가 통째로 없어지는 바람에 회사를 떠나야 했습니다. 그는 그날도 잘 다려진 흰색 와이셔츠와 푸른색 정장을 입고 왔습니다. 마지막 출근길에 어울리지 않는 그 옷차림을 보며 전 그가 실직 사실을 집에다 말하지 못했다는 걸 짐작할 수 있었습니다. 결혼한 지 채 1년도 되지 않은 새신랑이 아내에게 해고 사실을 알리는 건 결코 쉬운 일이 아니었을 겁니다.

객관적으로 그 후배는 모든 면에서 저보다 뛰어났습니다. 누구보다 일찍 출근했고, 토익 점수도 높았으며, 업무에도 적극적이었고, 사람을 대하는 태도 또한 따뜻했습니다. 특히 기존의 틀에 박힌 보고서와는 차원이 다른 서류들을 작성해 매번 사내에서 화제가 되었습니다. 짧고 애매한 문장들을 나열하는 대신 도표들을 이용해 깔끔하게 정리한 그의 보고서는 다른 이들을 주눅 들게 하였고, 어떤 동료는 그를 혼자만 돋보이려 하는 이

기적인 사람으로 몰아붙이기도 했습니다. 나이 많은 선배들에게도 이런 변화는 결코 달가운 일이 아니었습니다. "너는 왜 우리를 골치 아프게 하니? 네가 그렇게 서류를 만들면 결국 우리도 따라 해야 되잖아?" 이런 타박을 듣기 일쑤였죠.

여러 면에서 저보다 나았던 그가 정리 해고를 당한 건 오직 다른 팀에 속해 있었다는 이유 하나 때문이었습니다. 의욕적으로 새롭게 만들어진 팀이라도 1년 후 어떻게 될지는 누구도 알 수가 없습니다. 직장에서의 생존 여부는 운에 좌우될 때가 많기에 나의 의지와는 상관없이 단지 어떤 줄에 서 있는가에 따라 운명이 달라지기도 합니다.

함께 일하던 동료와 후배들이 떠나갈 때 저는 무슨 생각을 했을까요? 고백하건데, 저는 그들의 아픔이 온전히 제 가슴으로 전달되는 걸 본능적으로 거부했습니다. 그들의 슬픔에 공감하기보다는 살아남았다는 안도감을 더 크게 느꼈고, 시간이 지나면서 그 안도감은 스스로의 능력을 과대평가하는 것으로 바뀌어 갔습니다.

조직이 물갈이된 후 해직의 소용돌이가 가라앉으면 회사의 분위기는 한결 더 여유로워집니다. 많은 이들이 회의실의 빈 의

악마는 꼴찌부터 잡아먹는다

자들을 바라보며 '이번에도 나는 살아남았어!'라는 헛된 자부심을 느끼기 때문입니다. 그런 그들도 자신의 능력 때문에 살아남은 것이 아니란 걸 잘 알고 있습니다. 그럼에도 그들은 동료들을 떠나보낸 허망함을 잊기 위해 스스로를 기만하며 애써 빈의자를 외면하는 것입니다.

그 후배가 해고를 당하고 정확히 1년 10개월 뒤, 저도 결국 회사를 떠나게 되었습니다. 회의실엔 또다시 빈 의자가 하나 더 생겼겠지요. 어쩌면 연대 대신 경쟁을, 비판 대신 순응을 택했던 자에게 내려진 당연한 결과인지도 모르겠습니다.

제대로 된 송별회도 없이 떠나가야 했던 제 동료들은 지금 어디서 무엇을 하고 있을까요? 치열하게 경쟁하지 않아도 되는 곳에서 만났다면 아마도 우리들은 서로 친구가 될 수 있었을 겁니다. 지난날을 돌아보고 있자니 깊은 회한이 밀려옵니다. 이제라도 자신의 어리석음과 비겁함을 깨닫고 이렇게 고백할 수 있다는 게 그나마 다행인지도 모릅니다.

마지막 출근길에도 푸른색 정장을 입어야 했던 그 후배의 말이 생각납니다.

"선배! 저는 동료들을 사람으로 봤지 경쟁자로 보지 않았어요. 근데 그렇게 한 게 후회가 돼요. 앞으로도 실의와 좌절을 수 없이 겪겠지만 열심히 사는 게 정답이 아니란 걸 이젠 알아요. 전 정말 운이 지지리도 없는 거 같아요."

그리고는 이제부턴 다르게 살겠다는 다짐을 남겨 놓고 떠났습니다. 요즘도 그가 힘주어 말했던 '다르게'라는 단어의 의미를 곱씹을 때마다 가슴 한구석이 아려 옵니다.

실력과 노력의 배신
—

영국 BBC 방송국 PD 출신의 저널리스트이자 기업가인 마거릿 헤퍼넌의 책 『경쟁의 배신』은 이렇게 시작됩니다.

경쟁은 누구도 승자로 만들지 않는다!

이 책을 통해 마거릿 헤퍼넌이 하고자 한 이야기를 거칠게 요약하면, 무한 경쟁 속에서 인간은 결코 행복할 수 없고, 승자 아니면 패자로 나뉘는 세상은 너무나도 잔인한 구도라는 것입니다. 로마의 유명한 유적지 콜로세움을 "승자는 살아남고 패자는 죽음을 맞이하는 무자비한 거래 속에서 경쟁과 오락이 접목되었던 무시무시한 장소"라고 정의한 그녀는 여러 IT 기업의 CEO를 거치면서 경쟁의 본질을 알게 되었던 것입니다. 실적을 동료와 공유할 수 없게 되어 있는 평가 제도와 경쟁만 강요하는 사회 구조 속에서 사람들은 마음의 문을 닫은 채 피폐해져만 가고 있습니다. 그 누구도 경쟁에서 항상 이길 수는 없습니다. 그 누구도 실패하거나 좌절하지 않고 오로지 성장만 해 나갈 수는 없습니다. 단 한 사람의 예외도 없이, 삶이 그려 내는 곡선은 오르락내리락할 수밖에 없는 것입니다.

헤퍼넌의 책을 읽어 보면, 기업을 대표하는 CEO 입장에서도 경쟁이 항상 좋은 것만은 아닌 것 같습니다. 회사의 모든 자원을 활용해 이루어 낸 사업 성과를 어느 한 개인의 치적으로만 평가하여 보상하는 제도는 조직 내부의 갈등을 초래할 가능성이 높습니다. 즉, 공동의 노력에 의해 창출된 성과를 숫자나 그래프로 단순화하여 한 개인의 성과로만 표기하는 것은 기업이 가진 종합적 역량을 파편화시킬 가능성이 많다는 것입니다. 이렇게 조각난 실적과 평가는 결국 팀워크보다는 개인에게 의지하는 업무 환경을 만들어 내고, 장기적으로 보면 결국 회사도 개인도 지속적인 성장을 담보할 수 없게 되는 것입니다.

이에 대해 마거릿 헤퍼넌이 제안한 대안은 바로 '크라우드 소싱crowd-sourcing'입니다. 크라우드 소싱은 문제 해결을 위한 아이디어를 공개적으로 요청하는 방식입니다. 실제로 이 방식은 의료, IT 개발, 마케팅 등 다방면에서 점점 더 많은 스타트업 기업들이 사용하고 있습니다.

그녀는 책에서 크라우드 소싱이 성공할 수 있었던 이유를 이렇게 설명합니다. "새로운 아이디어를 개발하는 최고의 방법은, 그것을 혼자 꽉 움켜쥐고 있는 것이 아니라 사람들과 함께 공유하는 것이라는 근본적인 깨달음이 있었기 때문이다." 이 새로운 방식은 서로 협력하며 일할 때 그리고 타인을 도울 때 인간은 삶의 의미를 찾을 수 있다는 판단으로부터 출발합니다. "여기서는 성공하려면 서로를 도와야 합니다. 그것이야말로 진정 핵심적인 가치죠. 기여하는 것 말입니다."라는 말을 통해 우리는 CEO로서 마거릿 헤퍼넌이 무엇을 가장 중요하게 생각했는지 알 수 있습니다. 지혜롭게도 그녀는 협업을 통해 경쟁의 배신을 차단할 수 있었던 것입니다.

경쟁이 치열한 조직일수록 사소한 사건과 우연적 요소들에 의해 승패가 갈립니다. 경쟁이 치열한 조직을 보면 능력이 비슷한 사람들이 모여 있는 경우가 많습니다. 제가 근무했던 회사

역시 구직자들이 선호하는 곳이었기에 입사 과정이 까다로웠고 비슷한 경력과 실력을 가진 이들이 많이 모여 있었습니다. 이런 상황에서 개인의 운명을 좌우하는 것은 어느 부서에 배치되는가, 상사와 동료는 누구인가, 학연이나 지연으로 관계를 맺을 만한 사람이 있는가, 회사에 나와 사이가 좋지 않은 사람이 있는가 등입니다. 이런 것만 봐도 한 개인을 평가할 때 실력과 노력이라는 잣대가 얼마나 부적절한지 알 수 있습니다.

2018년 'SBS 스페셜'이라는 프로그램에서 「운인가 능력인가, 공정성 전쟁」이라는 제목으로 방송을 했습니다. '회사에서 승진도 못하고, 사회에서 돈도 많이 벌지 못하면 과연 능력이 없는 사람인가?'라는 질문을 던지는 내용이었습니다.

방송에서는 이탈리아 카타니아 대학의 물리학자 안드레 라피사다와 알레산드로 플루치노 그리고 경제학자인 알레시오 비온드를 중심으로 진행된 연구가 소개되었습니다. 이들은 '인간의 능력은 다양하고 개개인마다 잘하는 것과 못하는 것이 있는데 왜 부는 일부에게만 집중되는가?'라는 문제를 풀기 위해 컴퓨터 안에 1,000여 명의 사람이 모인 가상의 세상을 만들어 놓고 누가 성공하고 실패하는지 시뮬레이션을 했습니다. 연구 대상은 20세에서 60세까지로 정하고 시간은 40년으로 프로그램

화한 뒤 행운과 불운, 지능과 능력, 재산 등을 무작위로 배분했습니다.

100회 이상의 실험을 통해 나온 연구 결과는 '실력과 노력의 배신'이었습니다. 즉, 돈 많이 벌고 좋은 직장에 다니고 순조롭게 승진하는 사람들의 대부분은 운이 좋아서 그렇게 된 것이었습니다. '운칠기삼'이라는 요즘 말이 딱 들어맞는 것이죠. 연구진의 한 명인 물리학자 알레산드로 플루치노는 연구 결과에 대해 이렇게 말했습니다. "성공을 이룬 사람들 대부분은 능력은 평균이어도 운이 좋은 사람들임을 알 수 있습니다."

물론 이 실험이 인생에 있어서 운이 실력과 노력보다 더 중요하다는 걸 강조하는 연구는 아닙니다. 사과나무 아래에 누워 입만 벌리고 행운을 기다려야 한다는 의미는 더더욱 아닙니다. 오히려 개인의 능력보다 운에 의해 성공이 좌우되는 사회문제를 지적하며 이를 바로잡아야 한다고 연구진들은 말합니다. 이들은 또 다른 실험을 통해 이 문제를 풀 가장 효과적인 대책을 제안하는데, 그것은 한 사람이 과거에 성공했는가 실패했는가를 따지지 않고 정부가 모든 이들을 골고루 지원하는 방식입니다. 즉 보편적 복지가 성공한 사람들을 가장 많이 만들어 낸다는 게 이 연구의 결론인 것입니다.

사람들은 모두 고유의 능력을 가지고 있습니다. 하지만 어떤 시대를 만나느냐, 어느 나라에서 태어났느냐, 부모가 누구냐에 따라 그 능력을 펼치지 못할 수도 있습니다. 이렇게 어떤 이의 능력이 운에 의해 사라지려 할 때 사회와 국가가 나서서 능력을 다시 꽃피울 수 있게 도와주어야 합니다. 바로 이것이 이 연구로부터 우리가 배울 수 있는 교훈이며, 실력과 노력이라는 말에 담긴 의미와 가치를 훼손하지 않는 길이기도 합니다.

많은 전문가들이 책이나 강연을 통해 노력과 실력만이 성공을 보장한다고 말합니다. 하지만 현장에서 일하며 구체적인 삶 속에서 진리를 배우는 평범한 사람들은 능력이 있어도 성공할 수 없다는 걸, 능력이 부족해도 성공할 수 있다는 걸 경험을 통해 알고 있습니다. 성공이란 '행운과 불운이 능력을 배후 조종하며 분배하는 결과'였음을 증명한 이 연구는 실력과 노력으로 성공했다고 말하는 사람에게 "정말 그렇게 생각하세요?"라고 묻고 있는 것입니다.

초속 0.1m의 차이가 운명을 가른다면?

—

1,200만 달러라는 엄청난 가격표를 달고 있는 여성 속옷이 있습니다. 여성 속옷 브랜드 '빅토리아 시크릿'에서 내놓은 이 상품은 브래지어에 보석 장식을 한 '주얼리 브라'입니다. 125년 역사를 가진 보석 가공 업체 '스와로브스키'의 장인이 다이아몬드로 손수 제작한 것이라고 합니다. 하지만 이 제품은 아직까지 팔리지 않았습니다. 상상을 초월한 가격 때문인지 아니면 실제로 입을 수 없는 속옷이라 그런지 모르겠으나 어쨌든 이 제품이 해당 회사의 매출에 직접적으로 기여하지 않은 것은 분명합니다. 하지만 주얼리 브라가 팔리지 않아 빅토리아 시크릿이란 회사가 손해를 본 것도 아니랍니다. 이유가 뭘까요?

미국 코넬 대학교 경제학과 교수인 로버트 H. 프랭크Robert H. Frank에 의하면 "사람들은 이 브래지어 덕에 100달러짜리 브래지어를 사면서도 내가 너무 비싼 속옷을 사는 게 아닐까 하는 느낌을 가지는 대신 오히려 자신은 100달러짜리 제품을 구매하는 검소한 사람이라고 생각한다."고 합니다.

그의 책 『부자 아빠의 몰락Falling Behind : how rising inequality harms the middle class』엔 '증가하는 불평등이 어떻게 중산층을 해치는가'

라는 부제가 달려 있습니다. 이 책에서 그는 불평등이 사회에 미치는 영향이 '주얼리 브라 현상'과 비슷하다고 말합니다. 즉, 자본이 마케팅이라는 명목으로 소비를 부추기면 중산층은 심리적으로 자신의 계급을 유지하기 위해 더 많은 돈을 지출하게 된다는 것입니다. 예를 들어 자녀를 강남의 유명 학원에 보내기 위해선 학원비만 더 지불하면 되는 것이 아니라 먼저 강남으로 이사를 가야 하기에 더 많은 경제적 부담을 질 수밖에 없다는 것입니다. 그가 '지출연쇄반응'이라 이름 붙인 이러한 소비 현상은 마치 아래로 떨어지는 분수대의 물줄기처럼 소득 상위 계층의 지출 패턴이 바로 아래 계층에 속한 사람에게 영향을 미치고 그 영향이 다시 그 아래 계층 사람들에게까지 전달되는 것을 말합니다.

어떤 의미에서 지출연쇄반응은 갤브레이스의 '의존효과 dependence effect(소비자가 자신의 필요나 욕구에 의해서가 아니라 생산자의 광고와 선전에 자극을 받아 의존적으로 재화를 소비하는 현상)'에 불평등이라는 고민을 더한 경제 이론이라고 볼 수도 있습니다. 그러나 프랭크가 진실로 얘기하고자 하는 것은 광고에 휘둘려 왜 뱁새가 황새를 따라가려고 하는가라는 조롱 섞인 질책이 아니라 불평등을 기반으로 하는 '부의 집중' 문제입니다. 즉 지출연쇄반응을 통해 부는 더욱더 집중되며, 중산층이라는 계급을 유지하려는 노력이 오히려 그 계급에서 밀려나게 만들고 있다는 것이 바로 그가 이야기하고자 하는 핵심입니다.

부의 집중화 현상에 대한 로버트 H. 프랭크의 염려는 우리 시대의 상식에 대한 도전으로 이어집니다. 2016년 그는 『실력과 노력으로 성공했다는 당신에게 Success and Luck : Good Fortune and the Myth of Meritocracy』라는 책을 세상에 내놓습니다. '행운과 능력주의라는 신화'라는 부제가 달린 이 책을 출간하며 그가 밝힌 출간 이유 중 하나는 "(경제학자가 쓴 책이라도) 필요 이상으로 독자의 시간을 빼앗지 않고, 부담 없이 손에 들고 읽을 수 있게 하는 것"이었습니다. 그만큼 그는 이 책을 많은 이들에게 읽히고 싶었던 것입니다.

그렇다면 이 책을 통해 그가 그토록 말하고 싶어 했던 것은 무엇일까요? 그의 표현에 의하면 "재능과 노력 없이 성공한다는 것은 매우 어렵지만 우리 주변에는 뛰어난 재능을 가지고 부단히 노력하는데도 그에 상응하는 물질적 성공을 이루지 못하는 사람이 많다."는 현실이었습니다.

이런 현실을 설명하기 위해 그는 단거리 육상경기를 예로

악마는 꼴찌부터 잡아먹는다

듭니다. 단거리 경기는 1초 미만의 차이로 세계신기록 갱신과 올림픽 메달의 색깔이 달라지는 종목입니다. 일반인들은 잘 모르겠지만 육상연맹 규정에는 바람의 방향과 속도에 관한 것들이 있습니다. 초속 2m가 넘는 순풍이 부는 상황에서 작성된 기록은 인정하지 않는다는 것입니다. 즉 초속 2m의 바람이 등 뒤에서 불어 이득을 본 선수의 기록은 인정받을 수 없다는 것입니다. 굉장히 합리적이고 심지어 공정해 보이기까지 합니다. 그러나 문제는 초속 1.9m의 바람은 규제하지 않는다는 것입니다. 결국 초속 0.1m의 차이가 한 선수의 운명을 가를 수 있는 것입니다.

올림픽이나 세계육상선수권대회의 단거리 종목에서 결승전까지 올라온 선수들은 초인적인 수준의 재능에 혹독한 훈련까지 거친 사람들입니다. 하지만 이들 중 어떤 선수는 초속 1m의 순풍 덕에 세계신기록을 세워 명예와 부를 거머쥐고, 어떤 선수는 초속 1m의 역풍이 부는 바람에 목표를 달성하지 못한 채 사라집니다. 현재 남자 육상 100m 세계기록 보유자는 자메이카 출신의 우사인 볼트입니다. 2016년 미국 경제 전문 매체『포브스』의 발표에 따르면 그는 연간 3,250만 달러(한화 약 360억 원)의 수입을 올린다고 합니다. 자메이카의 1인당 GDP가 연간 약

5,300달러인 걸 고려하면 정말로 엄청난 액수입니다.

우사인 볼트를 세계에서 가장 빠른 사람으로 기억하는 사람들은 많습니다. 하지만 세계에서 네 번째로 빠른 선수 즉 남자 육상 100m에서 세계 4위를 기록한 선수를 기억하는 사람은 거의 없습니다. 구글의 도움을 받아 남자 육상 100m 세계 4위의 기록을 보유한 선수를 찾아보았습니다. 그 선수의 이름은 아사파 파월로 우사인 볼트와 같은 자메이카 출신입니다. 우사인 볼트의 기록은 9.58초이고 아사파 파월의 기록은 9.74초입니다. 차이는 불과 0.16초! 우사인 볼트의 수입은 간단한 검색으로 알 수 있지만 아사파 파월의 수입은 아무리 찾아도 나오지 않았습니다. 0.16초의 차이가 낳은 결과는 아마도 우리가 상상하는 것 이상일 것입니다.

실력과 노력으로 성공했다고 믿는 당신에게

—

『실력과 노력으로 성공했다는 당신에게』에서 로버트 H. 프랭크는 위의 예를 들며 경제학자답게 숫자로 자신의 주장을 증명합니다. 그리고는 곧바로 '과연 당신의 성공이 실력과 노력만으로 이루어졌는가?'라는 질문에 답을 내놓습니다. 이 답을 얻기 위해 그는 서로 경쟁 관계에 있는 10만 명을 대상으로 과연 행운이 성공에 얼마나 영향을 미치는지 모의실험을 진행했습니다. 이 실험에서 그는 전체 성과 중 행운에는 2% 정도의 가중치만 주고 나머지 98%는 재능과 노력으로 성공 여부를 판가름하게끔 분석 모델을 설계하였습니다.

실험 결과 경쟁에서 이긴 사람들이 획득한 행운 점수의 평균은 90.23이었습니다. 그런데 성공한 사람들 중 78.1%는 재능과 노력 점수의 합이 그리 높지 않았습니다. 즉, 성공한 사람의 78.1%는 최고의 실력을 가지고 있지 않았음에도 다행히 운이 좋아 성공한 그룹에 속할 수 있었던 것입니다. 이 실험은 실력과 재능이 뛰어나지 않아도 행운이라는 축복을 받으면 경쟁에서 이길 수 있다는 것을 증명했습니다. 프랭크 교수는 이 실험을 통해 얻은 교훈을 다음과 같이 이야기합니다.

엄청난 물질적 성공을 거머쥔 사람들은 인적 자본의 관점이 제시하는 것처럼 거의 예외 없이 뛰어난 재능을 보유하고 있으며 엄청난 노력을 기울인다. 하지만 모의실험은 인적 자본의 관점이 설명하지 못하는 문제, 즉 엄청난 재능으로 최선을 다하는 사람들 상당수가 물질적 성공을 누리지 못하는 이유를 분명하게 밝혀낸다. 이들은 승자보다 운이 나쁠 뿐이다.

행운이란 요소에 2%라는 아주 낮은 가중치를 부여했음에도 왜 운이 없는 사람은 (특히 경쟁자가 많은 상황에서) 성공하기가 어려웠던 걸까요? 그는 그 요인을 두 가지로 분석합니다. 첫째는 행운이라는 것이 반드시 능력이 있고 성실히 노력하는 사람에게 가는 것만은 아니기 때문이며, 둘째는 경쟁자가 많으면 능력과 재능이 우수한 사람이 많을 수밖에 없고 그들 중 어떤 이는 운마저 좋을 수가 있기 때문이라는 것입니다. 결국 능력과 노력의 정도가 비슷한 사람이 치열하게 경쟁할 경우 아주 작은 계기가 큰 행운으로 작용하며 그 행운을 거머쥔 사람이 최종 승자가 된다는 것입니다.

이러한 실험 결과를 통해 우리가 진정으로 경계해야 할 것은 "노력이고 능력이고 다 필요 없어. 줄 잘 서서 힘센 자들과 잘 지내고, 운이 좋길 바랄 수밖에."라는 지독한 체념입니다. 운이 좋아 성공한 사람들이 성공하지 못한 대다수 사람들의 불운을 안주 삼아 자기네들끼리 축배를 든다면 이보다 더 비참한 일은 없을 것입니다. 앞에서 여러 차례 언급했듯, 막대한 부의 축적은 기나긴 시간 동안 인류가 쌓아 올린 집단 지성 없이는 불가능한 것이며, 성공이라는 것 자체가 능력과 노력에만 기반하지 않는다는 것 또한 여러 실험을 통해 증명되었기 때문입니다. 따라서 성공한 사람들은 그들의 행운에 감사해야 하고 성공적인 결과 앞에 겸손해야 하며 현재 벌어지고 있는 불평등이 결코 당연하거나 공정한 것이 아님을 인식해야 하는 것입니다.

그러나 우리 앞에 놓인 현실은 이와는 사뭇 다릅니다. 세상은 경쟁에서 이기지 못한 대다수의 사람들을 쓸모없는 존재로 쉽게 매도해 버립니다. 『실력과 노력으로 성공했다는 당신에게』에서 프랭크 교수가 가장 경계한 것도 바로 이 '불필요한 시장 혹은 사람'이라는 개념입니다. 과학기술의 발달과 전 세계로 뻗어 있는 유통망으로 인해 소비자들에게 최고라고 인지된 상품만 소비되고 최고의 스펙을 갖춘 인재만 채용되는 현상을 그는 그토록 염려했던 것입니다.

프랭크 교수의 이러한 견해를 작정하고 왜곡하려 드는 사람들에게는 이 책의 내용이 그저 순진한 경제학자가 늘어놓는 한가한 도덕 타령으로 비춰질 수도 있습니다. 하지만 그는 소수의 성공한 사람들을 위한 경제학 대신 부단히 노력을 했음에도 그에 상응하는 결과를 얻지 못한 대다수의 평범한 사람들을 위해 따뜻한 경제학을 만들려 하는 것뿐입니다.

여기서 우리가 주목해야 할 것은 그가 발표한 실험 결과들이 아니라 역사적 소명에 충실하고자 한 경제학자의 시선입니다. 역사의 거대한 파도에 맞서 나름의 성취(?)를 이뤘다고 주장하는 경제학 이론들이 그동안 얼마나 부의 분배를 왜곡시켜 왔는지 우리는 알아야 합니다. 오직 경제학 교과서에서만 볼 수 있는 박제화된 이론들이 오늘날 모두가 함께 살아가는 이 거대한 공동체를 어떻게 침몰시켰는지 우리는 알아야 합니다. 이런 사실들을 정확히 인지할 때 프랭크 교수의 견해는 편협한 경제학자들을 물리치고 정당성을 획득할 것이며, 이를 바탕으로 인류는 이 지독한 불평등을 해결할 방법을 찾을 수 있을 것입니다.

병이 깊어 단번에 치유될 수 없는 세상이기에, 저는 여전히 건재를 과시하며 활발히 활동하고 있는 로버트 H. 프랭크 교수의 다음 대답을 기다리고 있습니다.

악마는 꼴찌부터 잡아먹는다

경제학자의 초상

로버트 H. 프랭크
Robert H. Frank, 1945~

'능력주의'의 보복을 염려한 경제학자에게

프랭크 선생님!

제가 선생님의 이름을 처음 알게 된 것은 『이코노믹 씽킹The Economic Naturalist：In Search of Explanations for Everyday Enigmas』이라는 책을 통해서였습니다. 이 책은 일상에서 생겨나는 단순한 호기심을 거대 담론인 경제 이론들과 연결함으로써 독자들의 사고 체계를 확장시켜 주었습니다. '왜 우유 팩은 사각형이고 콜라 캔은 원통일까? 이미 애인이 있는 사람에게 또 다른 애인이 생기기 쉬운 까닭은 무엇일까? 야구팀 감독들은 왜 유니폼을 입을까?'와 같은 질문과 그에 대한 대답들은 매우 흥미로웠습니다.

하지만 저는 이 책을 읽으며 선생님의 의도와는 다르게 엉뚱한 생각을 떠올렸습니다. 심오한 경제 이론과 재미있는 현실의 만남보다, 선생님께서 20여 년 동안 학생들이 제출한 과제물들을 차곡차곡 모아 왔다는 사실에 더 큰 흥미가 생긴 것입니다. '이렇게 학생들의 리포트에까지 애정을 가진 선생님은 과연 어떤 사람일까?'라는 호기심이 생겼던 것입니다. 어쩌면 선생님께서는 경제학자로서의 학식과 명성보다 강단에서 학생들을 가르치는 교육자로서의 면모에 더 큰 매력을 느끼는 제가 못마땅하실 수도 있을 것 같습니다. 그러나 '이 시대에 과연 진심으로 애정을 가지고 제자를 대하는 스승이 얼마나 있을까?'라는 불순한 의문을 품고 있는 저로서는 선생님 같은 분을 알게 되었다는 것이 무척이나 반가웠습니다.

과거 동양 문화에서는 '군사부일체'라는 말이 많이 쓰였습니다. 스승은 왕과 부모와 동일하다는 단어 뜻 그대로 한때 교육자는 사회적 지위도 높고 존경받는 직업이었죠. 그러나 애석하게도 세상은 빠르게 변했고 이 고사성어도 쓰이지 않은 지 오래입니다. 그럼에도 『이코노믹 씽킹』을 받아 든 제자들은(비록 이 고사성어를 모르는 사람일지라도) 선생님의 명쾌한 강의를 떠올리며 쉽사리 선생님의 그림자를 밟

지 못했을 것입니다. 선생님께서 제자들에게 보여 주신 애정은 평소 신뢰와 사랑의 관계는 내리사랑에서 시작한다는 저의 믿음을 한층 더 단단하게 만들어 주었습니다.

선생님께서 학생들에게 내 준 과제의 조건은 세 가지였습니다. "첫째, 주위에서 쉽게 볼 수 있는 이상한 현상들을 채집해 올 것. 둘째, 그것들을 간단한 경제 원리로 설명하되 500단어를 넘기지 말 것. 셋째, 친구에게 얘기하듯 쉽게 쓸 것."

동서고금을 막론하고 학생이 숙제를 좋아하는 경우는 거의 없습니다. 게다가 이런 까다로운 조건이 붙어 있는 과제라면 제가 학생이었더라도 많이 당황했을 겁니다. 하지만 저는 이 조건들을 보며 경제학자의 역할에 대해 한 번 더 생각하게 되었습니다. '사회 현상에 의문을 품고 연구하되 간단한 경제 원리로 나타내고, 설명할 때는 친구에게 얘기하듯이 쉽게 하라.'는 조건은 어쩌면 선생님이 경제학자로서 살아온 지난한 삶의 원칙이 아니었을까라는 생각이 들었기 때문입니다.

『이코노믹 씽킹』은 외국어 학습에 관한 선생님의 경험을 소개하는 걸로 시작됩니다. 7년간 학교에서 배운 스페인어와 독일어는 현지에서의 소통에 아무런 도움이 되지 않았지만, 13주 동안 네팔에서 직접 들은 수업은 네팔인과의 소통에 큰 도움이 되었다는 이야기를 읽으며 저는 이것이 강단에 갇혀 있는 경제학을 향한 일종의 우화가 아닐까 생각했습니다. 또한 선생님이 제안하신 "쉬운 것부터 조금씩 시작하고, 각 개념을 다양한 맥락에서 바라보는" 공부법은 경제학이 일상의 구체적인 경험을 기반으로 해야 한다는 걸 강조하신 게 아닐까 합니다.

미국 연방준비제도이사회 의장을 역임한 버냉키Ben S. Bernanke와 선생님이 같이 쓰신 책 『버냉키 프랭크 경제학Principles of Economics』의 첫 장 '경제학자처럼 생각하기' 역시 저에게는 무척 새로웠습니다. 경제학자처럼 생각한다는 건 상식이라 불리는 보통의 생각을 냉철한(!) 경제 원리로 바꾸어 생각하는 것이고, 이것이야말로 경제학 공부의 첫걸음이라고 저는 생각합니다

비틀어 생각하는 것, 남들과 다른 시선으로 세상을 본다는 것은 때때로 삶을 피곤하게 만듭니다. 그러나 시간이 흐른 후 그런 삐딱한 시선이 오히려 진실로 증명된 사례는 역사적으로 아주 많습니다. 국가의 부는 금과 은이 아니라 사람들이 일을 함으로써 만들어진 가치의 총합이라고 역설한 애덤 스미스의 『국부론』을 시작으로, 인간은 결코 이성적인 존재가 아니라 제한된 합리성을 가지고 감정적으로

경제적 선택을 한다는 행동경제학자 리처드 탈러까지, 새로운 눈으로 세상을 바라보고 새로운 생각으로 현상을 설명하고자 했던 것이 곧 경제학의 역사가 아닐까 합니다.

선생님.

역사학자 유발 하라리는 그의 책 『21세기를 위한 21가지 제언』에서 인간은 지금껏 "모기가 귓속에서 앵앵거려 잠을 방해할 때 그 모기를 잡는 법은 알았지만, 머릿속에서 생각이 앵앵거려 밤잠을 설칠 때 대부분의 사람들은 그 생각을 죽이는 법을 몰랐다."라고 했습니다. 그러나 그는 미래의 인류는 생명공학과 정보 기술의 발전으로 인간의 내부 세계까지 통제하고 생명까지 연장할 수 있게 될 것이라는 불길한 예측을 내놓았습니다. 이러한 기술의 진보는 어쩌면 더 이상 사람이 필요치 않는 세상의 서막을 알리는 것일지도 모릅니다. 4차 산업혁명이 인류에게 어떤 영향을 미칠지 정확히 모르고 있는 상황임에도 많은 국가의 경제 엘리트들은 영화 「터미네이터」의 섬뜩함이 재현되는 일은 없을 거라 확신하는 것 같습니다.

기술에 의해 인간의 노동력이 소외되는 시대를 경제학자들은 산업혁명이라 윤색하여 불렀습니다. 지금 인류는 네 번째 산업혁명을 맞고 있습니다. 하지만 그로 인해 발생할 수 있는 인간의 고통과 어려움에 대해 말하는 엘리트들은 없습니다. 1차 산업혁명에 대한 견제는 마르크스의 『자본론』으로 가능했고, 2차 산업혁명의 한계는 케인스의 『일반이론』으로 어느 정도 극복되었으며, 3차 산업혁명의 정의롭지 못한 결과는 토마 피케티Thomas Piketty의 『21세기 자본Capital in the Twenty-First Century』에 기록되었습니다. 그렇다면 이제 이 시대의 경제학자들은 4차 산업혁명에 대한 무한한 찬양에 제동을 걸어야 하지 않을까요?

수치로 측정된 능력과 그것을 바탕으로 한 능력주의만이 정당성을 얻고 있는 세상입니다. 이러한 이데올로기에 대한 선생님의 깊은 통찰이 4차 산업혁명에 대해 새로운 혜안을 가져다주길 간절히 기대해 봅니다. 제가 선생님께 이런 바람을 갖는 이유는 승자 독식 시장을 오페라 음악 시장의 사례♦로 설명한 선생님의 쉽고 친근한 접근 방식이 지금 이 시대의 경제학자들이 갖추어야 할 가장 중요한 덕목이 아닐까 생각하기 때문입니다.

♦ 대부분의 사람들은 오페라와 같은 클래식 음악을 들을 때 연주자나 가수에 따른 차이를 명확하게 분간해 내기 어렵다. 이 때문에 대중은 전문가의 인정을 받은 유명 음악가의 음악만 소비하는 경향을 보이며, 이는 음악가들의 수입 격차를 크게 벌려 놓는다. 프랭크는 소수의 슈퍼스타들이 음악 시장을 독차지하는 현상을 통해 승자 독식의 시장 논리가 가진 위험성에 대해 쉽게 설명했다.

선생님!

미래에 대한 예측과 대안에는 어떤 정답도 없을 것입니다. 그 어려운 길을 찾는 것이 경제학자로서의 숙명이라면 선생님께서는 이를 피하지 마시고 맞서 주시길 바랍니다. 20년간 제자들의 과제물을 모아 작지만 의미 있는 기록을 남기고, 평범한 이들이 부담 없이 손에 들고 읽을 수 있는 경제학 책을 쓰고, 실력과 노력으로 성공했다는 거만한 엘리트들에게 근사한 조언을 건넬 수 있는 선생님이라면 21세기 인류의 운명에 대해 담대한 예측과 훈수를 하셔도 괜찮지 않을까 생각합니다.

부디 선생님의 번뜩이는 생각이 기존의 가치관에 조종을 울리고 21세기 경제사상사에 한 획을 그을 수 있기를 기대하며 편지를 마무리할까 합니다. 항상 건강하시길 기원합니다.

경제학에 우리의 미래를 걸어도 좋을까?

—

인류의 삶에 자본주의가 정착한 이래 돈과 경제를 따로 떼어 놓고 생각한다는 것은 불가능해졌습니다. '경제가 좋아졌다.'라는 의미는 곧 '돈을 많이 벌 수 있다.'로 이해되곤 합니다. 돈을 벌어서 자본을 많이 축적하면 경제 바깥의 세상까지도 지배할 수 있습니다. 인류가 목격한 자본주의 역사가 이 사실을 증명합니다.

영국은 18세기 산업혁명을 통해 근대 산업 모델을 구축하였습니다. 방적기의 발명으로 세계 최고의 면직물 생산국이 되었고, 증기기관의 발명으로 효율적인 에너지 동력을 확보할 수 있었으며, 철을 제련할 때 숯 대신 석탄을 사용하는 기술을 개발하여 제철 산업에서도 전 세계에서 가장 앞서 나갈 수 있었습니다. 산업혁명의 이 세 가지 핵심 기술은 영국에 막대한 부를 안겨 주었습니다.

그러나 이 경제적 성과를 계속 유지해 나가기 위해 그들이 선택한 방법은 기술 개발이나 경제학 연구가 아니었습니다. 영국은 세계 최고의 면직물 생산국이라는 지위를 지키기 위해 200년간 인도를 지배했고, 나폴레옹의 꿈을 바다에 수장시킨 넬슨 제독의 명성을 이어 가기 위해 증기기관 기술을 함선에 도입했으며, 중국과 벌인 아편전쟁을 승리로 이끌기 위해 그들만의 앞선 제철 기술을 이용했습니다. 이렇게 경제의 바깥에서 얻은 힘으로 영국이 이룩한 어마어마한 부는 19세기 백 년 동안을 '팍스 브리태니카Pax Britannica' 시대로 만들었습니다.

유럽 대륙에서 발생한 두 차례의 세계대전은 새로운 부자 나라를 탄생시켰습니다. 산업혁명 이후 100년에 걸쳐 자본주의가 이룩한 수혜를 독차지했던 유럽은 전쟁으로 폐허가 되었고, 이 틈을 타 미국이라는 신생국이 영국이 누렸던 영광을 물려받게 된 것입니다. 두 차례에 걸친 세계대전의 최종 승자는 전쟁

악마는 꼴찌부터 잡아먹는다

물자를 수출한 미국 기업들과 유럽 여러 나라에 차관을 제공한 월 스트리트였습니다.

　그러나 세계 유일의 강대국이 된 미국이 영국으로부터 물려받은 것은 영광만이 아니었습니다. 100년 전 영국이 그랬던 것처럼 이들 또한 경제 대국이라는 지위를 유지하기 위한 힘을 경제 영역의 바깥에서 찾았습니다. 그나마 미국이 영국과 달랐던 점은 무력 대신 정치력을 이용했다는 것입니다. 1944년 전 세계 44개국 대표가 모인 '브레턴우즈 회의'는 미국의 경제적 이익 확대를 정치적으로 완결시킨 하나의 절차에 불과했습니다.

　영국은 케인스의 유명세와 지식을 활용해 미국의 독주를 막으려고 했으나 결국 완패하고 말았습니다. 미국의 재무부 차관보에 불과했던 해리 덱스트 화이트가 세계 최고의 경제학자인 영국의 존 메이너드 케인스를 상대로 미국 달러를 세계 기축통화의 지위에 올려놓는 데 성공했던 것입니다. 이때부터 미국은 인쇄기와 종이만 있으면 세계 각국의 상품과 서비스를 마음껏 살 수 있게 되었습니다. 국제경제와 무역 체제를 미국 달러 중심으로 구축한 '브레턴우즈 협정'을 통해 미국은 영국으로부터 전세계 금융 패권을 공식적으로 이양받았고, 결국 지구촌은 '팍스 아메리카나Pax Americana' 체제 아래 들어가게 되었던 것입니다.

이렇듯 자본이 주인이 된 세상은 막강한 자본을 보유한 국가에게 경제의 바깥 세상도 지배할 수 있는 권리를 부여했습니다. 그렇게 장악된 경제 바깥의 세상 즉, 정치, 문화, 언론, 교육 등의 체계는 자본의 입맛에 맞게 소리 없이 재편됩니다. 이 작업을 위해 거대 자본을 독점하고 있는 자들과, 이들과 결탁한 정치인들 그리고 이 기득권층을 위해 일하는 엘리트들은 함께 머리를 맞대고 사람들에게 주입할 새로운 '생각'을 만들어 냅니다.

구체적인 예를 살펴볼까요. 신자유주의를 배태한 프리드리히 하이에크는 1947년 스위스 몽펠르랭에서 자유주의 경제학자들을 모아 놓고 '몽펠르랭 소사이어티Mont Pelerin Society'를 창설합니다. 그가 설명하는 이 모임의 임무는 다음과 같습니다. "우리는 당장 도움이 되는 것이 아니라, 영향력을 행사할 수 있는 지위에 다시 올라서기 위한 믿음을 구축하는 데 심혈을 기울여야 한다." 어쩌면 이것은 인류가 가진 생각의 틀을 바꾸겠다는 장기적인 '사상 개조 프로젝트'였는지도 모릅니다. 이후 1955년 '경제문제연구소Institute of Economic Affairs'의 설립으로 첫걸음을 내딛은 이 프로젝트는 1981년 전 세계 90개국에 500개가 넘는 조직을 거느린 '아틀라스 경제연구재단Atlas Economic Research Foundation'의 설립으로 결실을 맺게 됩니다.

악마는 꼴찌부터 잡아먹는다

이들이 신앙처럼 받드는 신자유주의 경제사상은 지금도 국제적 연구 기관들 사이의 네트워크를 통해 끊임없이 재생산되어 우리 머릿속에 주입되고 있습니다. 우리가 '이데올로기'라고 부르는 이 '생각의 체계'를 생산하고 공급하는 이들이 바로 경제학자였던 것입니다.

◆ ◆ ◆

2013년 『21세기 자본』이라는 책을 출간하며 지하 감옥에 감금되어 있던 불평등을 구출해 전 세계를 놀라게 한 경제학자 토마 피케티는 2020년 『자본과 이데올로기Capital and Ideology』로 또다시 불평등에 대한 질문을 던집니다. 그는 이 책에서 불평등을 당연시하는 현대 사회의 '지배 서사'에 대해 이렇게 폭로합니다.

현대 사회에서는 특히 사적 소유를 기반으로 하고 기업 중심적이며 능력주의적인 서사가 중요하다. 요컨대 현대의 불평등은 개인들이 자유롭게 선택한 과정에서 유래하기 때문에 정의롭다는 것이다. 이 과정에서 시장과 소유에 접근할 기회는 모두에게 똑같이 주어지며, 가장 기업가적이고 능력 많고 실리적인 사람들 즉 부자들이 축적한 부에 의해 모두가 저절로 혜택을 입는다는 것이다. 이리하여 현대 사회의 불평등은 경직되고 자의적이며 때로는 전체주의적인 규약들의 차이로 생겨난 고대사회의 불평등과는 대척점에 놓이게 된다.

"(현대 사회의) 불평등은 경제적인 것도 기술 공학적인 것도 아니다. 오히려 이데올로기적이고 정치적이다."라는 피케티의 주장은 1,297페이지에 달하는 책 전체를 관통하며 꼼꼼히 증명되고 있습니다. 19세기에 만들어진 지배 이데올로기가 21세기를 살아가는 우리의 뇌리를 여전히 장악하고 있다는 사실도 이를 뒷받침합니다. 피케티는 지금과는 다른 새로운 사회를 상상하고 구조화하는 작업을 가능케 해 주는 것이 바로 사상과 이데올로기라고 설명합니다. 이 주장을 인정할 수밖에 없는 건 이 시대의 지배 이데올로기 또한 언젠가 역사의 유물이 될 것이고 그 빈 자리를 다시 새로운 담론이 채울 것이란 확신 때문입니다. 미래에 대한 담론과 이데올로기 역시 필연적으로 현 시대의 고민과 문제점으로부터 잉태됩니다. 이렇게 태어난 '생각'들이 결국 이 시대의 고민을 해결하는 무기로 작동할 수밖에 없다는 걸 역사는 증명하고 있습니다.

악마는 꼴찌부터 잡아먹는다

♦ ♦ ♦

지금까지 저는 암울한 세상에 희망을 주고자 하는 경제학자들에 대해 이야기했습니다. 그들은 지금과는 다른 새로운 세상을 꿈꾸었습니다. 그들은 자신의 생각을 어떠한 틀로도 가두지 않았습니다.

다시 한 번 더 그들을 기억해 봅니다.

경제학에 인문학의 품격과 함께 왼쪽의 날개를 달아 준 정운영, 합리적 개인의 협동 가능성을 증명해 낸 정치학자 오스트롬, 경제학자의 태만을 질타한 사회학자 장 지글러, 정치경제학이라는 한때 잃어버렸던 이름을 한국 사회에 다시 불러들인 김수행, 경제학계의 마더 테레사 아마르티아 센, 사람의 마음을 경제학에 담고자 한 우자와 히로후미, 혁신과 일자리 문제를 경제학의 중심에 두고자 한 슘페터와 조앤 로빈슨, 기본소득에서 인류 공생의 길을 찾고자 한 필리프 판 파레이스, 능력주의 이데올로기에 문제를 제기한 로버트 H. 프랭크.

이들은 모두 불평등과 허망한 성장만을 낳는 기존의 주류 경제학을 향해 "NO!"라고 외치며 용감하게 문제 제기를 한 경제학자들입니다. 어쩌면 이들의 자유분방하고 거침없는 생각이 낯설게 느껴질 수도 있습니다. 그러나 훗날 동굴 안에 묶여 있던 우리들의 사고방식에 해방이 필요할 때 인류는 이들로부터 소중한 무언가를 얻게 될 것입니다. 그러고 나면 세상은 천천히 변할 것입니다. 그 속도가 아무리 느려도 우리의 상상은 언젠가 반드시 현실이 될 것입니다. 지금껏 나의 생각은 세상이 주입하는 틀에 갇혀 있었다는 걸 깨닫는 순간, 경제학이 몇 푼의 비용과 몇 푼의 이익만 따지는 학문이 아니라는 걸 아는 순간, 우리의 삶은 먹고사는 문제를 뛰어넘어 공동체를 위한 서사에 복무하게 될 것입니다.

이렇게 우리 각자가 삶과 경제학이 맺는 관계에 대해 기존의 낡고 편협한 생각을 버리고 자유롭게 상상할 수 있다면, 인류는 이 책에 등장했던 가슴이 따뜻한 경제학자들과 함께 경제학에 미래를 걸어도 좋을 것입니다.

악마는 꼴찌부터 잡아먹는다

구글러가 들려주는 알기 쉬운 경제학 이야기

악마는 꼴찌부터 잡아먹는다

1판 1쇄 인쇄 2022년 11월 04일
1판 1쇄 발행 2022년 11월 25일

지 은 이 | 박진서
일러스트 | 미스타쿠
펴 낸 이 | 이정훈, 정택구
책임편집 | 박현아

펴 낸 곳 | (주)혜다
출판등록 | 2017년 7월 4일(제406-2017-000095호)
주　　소 | 경기도 고양시 일산동구 태극로11 102동 1005호
대표전화 | 031-901-7810 **팩스** | 0303-0955-7810
홈페이지 | www.hyedabooks.co.kr
이 메 일 | hyeda@hyedabooks.co.kr
인　　쇄 | (주)재능인쇄

ISBN 979-11-91183-20-7 03320

저작권　©2022 박진서
편집저작권　©2022 (주)혜다